A construção da argumentação oral em contexto de ensino

EDITORA AFILIADA

Organizadoras da Coleção **Linguagem & Linguística**:
Angela Paiva Dionísio
Maria Auxiliadora Bezerra
Maria Angélica Furtado da Cunha

Parecerista Especialista:
Maria da Graça Costa Val (UFMG)
Maria Rita Diniz Zozzoli (UFAL)

Leitores Especialistas:
Bruno Alves Pereira (UFRN)
Edlene da Silva Oliveira (UFCG)
Elizabeth Maria da Silva (UFCG)
Fabio de Carvalho Araújo (UFRN)
Jenifer M. M. de Souza (UFPE)
Luciana de Santana Fernandes (UFPE)
Marília Cibelli dos Santos (UFPE)
Rosemberg de Nascimento (UFPE)
Ralline de Azevedo Travassos (UFPE)

Dados Internacionais de Catalogação na Publicação (CIP)
(Câmara Brasileira do Livro, SP, Brasil)

Ribeiro, Roziane Marinho
    A construção da argumentação oral em contexto de ensino / Roziane Marinho Ribeiro. -- São Paulo : Cortez, 2009. -- (Coleção linguagem & linguística)

    Bibliografia.
    ISBN 978-85-249-1477-5

    1. Argumentação 2. Linguística aplicada 3. Oralidade 4. Português - Estudo e ensino 5. Sala de aula - Direção I. Título. II. Série.

09-00836   CDD-370.1407

Índices para catálogo sistemático:
1. Argumentação oral : Estudo e ensino : Educação   370.1407

Roziane Marinho Ribeiro

A construção da argumentação oral em contexto de ensino

A CONSTRUÇÃO DA ARGUMENTAÇÃO ORAL EM CONTEXTO DE ENSINO
Roziane Marinho Ribeiro

Capa: aeroestúdio
Preparação de originais: Elizabeth Matar
Revisão: Maria de Lourdes de Almeida
Composição: Dany Editora Ltda.
Impressão e acabamento: Editora Parma
Coordenação editorial: Danilo A. Q. Morales

Nenhuma parte desta obra pode ser reproduzida ou duplicada sem autorização expressa da autora, dos organizadores e do editor.

© 2009 by Autora

Direitos para esta edição
CORTEZ EDITORA
R. Monte Alegre, 1074 — Perdizes
05014-001 — São Paulo - SP
Tel.: (11) 3864 0111   Fax: (11) 3864 4290
e-mail: cortez@cortezeditora.com.br
www.cortezeditora.com.br

Impresso no Brasil — março de 2009

Para alguém especial, que na sua simplicidade me incentivou a desbravar os caminhos do saber, *meu pai*.

Sumário

Apresentação 9
Introduzindo o tema 17

Capítulo 1 A argumentação sob alguns enfoques teóricos 23
Capítulo 2 A argumentação no contexto das práticas sociais 35
Capítulo 3 Argumentação e ensino: construção e apropriação na sala de aula 55

Considerações finais 105
Questões para debate 109
Lendo mais sobre o assunto 111
Referências 113
Índice remissivo 119

Apresentação
Bem-vinda ousadia

Maria da Graça Costa Val*
Maria Rita Diniz Zozzoli**

Para ilustrar a importância do fenômeno da argumentação na comunicação humana, pode-se afirmar que, quando

---

* Doutora em Educação, é professora pesquisadora da Universidade Federal de Minas Gerais, tem experiência na área de Educação, com ênfase em ensino-aprendizagem. Atua principalmente nos seguintes temas: oralidade e escrita, produção de texto, ensino de escrita, letramento, aquisição da escrita e ensino de língua materna. É autora de vários trabalhos publicados, tais como livros de alfabetização e de português: *Os professores e suas escolhas (co-autoria); Reflexões sobre práticas escolares de produção de texto (co-autoria); Padrões de escolha de livros e seus condicionantes; Texto, textualidade e textualização; Alfabetização e letramento*. Atua também na coordenação do Programa Nacional de Avaliação do Livro Didático (PNLD).

** Possui graduação em Letras pela Universidade Federal de Alagoas (UFAL, 1973), graduação em Letras — Université de Franche Comté Besançon/França (1974) e doutorado em Linguistique et Enseignement du Français na mesma universidade (1985). Tem estágio pós-doutoral no Departamento de Linguística Aplicada do IEL da Unicamp. Atualmente atua na graduação em Letras e no Programa de Pós-graduação em Letras e Linguística da UFAL. Tem experiência na área de Linguística Aplicada, com ênfase em ensino e aprendizagem de línguas, principalmente nos seguintes temas: leitura, produção, autonomia relativa, língua um bebê chora, mesmo antes de falar, estaria iniciando a aprendizagem de um processo de argumentação que, ao longo de toda a vida, passará a aperfeiçoar através do meio social. Aprenderá a utilizá-la em seu discurso, à medida que se dá a aquisição da linguagem verbal e não-verbal. Em outras palavras, na convivência cotidiana, a atividade argumentativa está sempre presente, e desde muito cedo. A vida em sociedade acarreta inúmeras ocasiões em que uns precisam convencer os outros a atender às suas necessidades e interesses, a abraçar suas ideias.

Apesar disso, vale registrar que os diferentes aspectos sociais da argumentação só puderam ser contemplados nos estudos da linguagem a partir de teorias que se voltaram para a enunciação e para o discurso. Assim, a Linguística Textual considera que um dos princípios de textualidade é a *intencionalidade*; a Semântica Argumentativa, outras teorias pragmáticas e muitas vertentes da Análise do Discurso defendem que a *argumentatividade* é o ato de fala fundamental, inevitavelmente presente em toda elocução. Não existiria fala neutra, desinteressada. Mesmo um enunciado singelo e aparentemente "sem nenhuma intenção", como, por exemplo, "a porta está aberta", constituiria um ato argumentativo, com o qual alguém busca convencer o interlocutor a entrar, ou a sair, ou a fechar a porta, entre outras possibilidades.

Embora sejam conhecidos esses aspectos, ainda hoje, por influência de uma visão centrada na forma, seja para

---

materna, língua estrangeira e produção escrita. O projeto de pesquisa que coordena — Autonomia Relativa na Produção de Textos em Diferentes Contextos de Ensino" — é financiado por auxílio do CNPq em 2007. Dentre as últimas produções, publicou o capítulo "Produção e autonomia relativa na aprendizagem de línguas", no livro *Pesquisa em Linguística Aplicada* organizado por LEFFA.

contemplar as normas da língua padrão (descrição da gramática normativa), seja para contemplar as normas do sistema (descrição de teorias linguísticas formais), os aspectos interacionais e discursivos ainda são pouco explorados no ensino de línguas, principalmente no que diz respeito à modalidade oral.

Nesse contexto, o trabalho de Roziane Marinho Ribeiro parte de dupla ousadia: acreditar que criança é capaz de argumentar e dispor-se a demonstrar que é viável desenvolver essa capacidade em sala de aula, trabalhando com gêneros orais.

Duas concepções arraigadas na escola são aí afrontadas de uma só vez. A primeira delas é a crença de que argumentar constitui operação mental e linguística elevada, para a qual apenas os maiores estão preparados. A segunda é a de que não é preciso, na escola, investir no desenvolvimento da oralidade das crianças, porque, afinal, falar aprende-se é em casa, na rua, na vida... Até há relativamente pouco tempo, a escola queria que os alunos calassem a boca e ouvissem bem quietinhos os conhecimentos transmitidos pelo professor. Paralelamente, considerava-se que a narração e a descrição eram os únicos tipos textuais adequados à capacidade das crianças até por volta dos 12 anos. Só daí para a frente é que se trabalhava, nas aulas de português, a estrutura dissertativa, começando pela dissertação expositiva. A dissertação argumentativa era focalizada efetivamente, em geral, apenas quando tinha início a preparação para o vestibular.

Isso permite defender a ideia de que carecemos de reflexões sobre como inserir o trabalho com a argumentação no ensino de língua portuguesa e é nesse ponto que se situa a contribuição do livro *A construção da argumentação oral em contexto de ensino*.

No primeiro capítulo, "A argumentação sob alguns enfoques teóricos", num percurso teórico que parte da Retórica Clássica, a autora examina as propostas da Nova Retórica de Perelman e Tyteca (1996), mostrando que esta corrente filosófica se diferencia da primeira por se preocupar, sobretudo, com a estrutura da argumentação, enquanto que a primeira concentra seu interesse na arte de falar em público segundo as leis da lógica. Destaca a grande contribuição da abordagem da Nova Retórica, que abre novas perspectivas ao estudo do tema por definir a argumentação como um ato persuasivo, com o objetivo de provocar ou aumentar a adesão dos interlocutores às teses apresentadas. Assim, segundo Roziane Ribeiro, a argumentação é vista como produto da interação social, portanto, oriunda de processos discursivos.

Na segunda parte desse mesmo capítulo, a autora apresenta as contribuições da Linguística da Enunciação, através de Ducrot (1989), e da Linguística Textual, com Koch (2000). Apoiada em Bronckart (1999) e nos autores que lhe servem de suporte, examina a argumentação na abordagem sociodiscursiva.

No segundo capítulo, "A argumentação no contexto das práticas sociais", reflete sobre a argumentação como prática sociodiscursiva, focalizando a visão dialógica e a noção de gêneros do discurso de Bakhtin (1995). Ressalta, também, alguns gêneros orais argumentativos retomados em sua análise, como o diálogo argumentativo, o texto de opinião, o debate.

No terceiro capítulo, "Argumentação e ensino: construção e apropriação na sala de aula", apresenta uma discussão acurada sobre a argumentação nesse contexto, refletindo sobre o tratamento didático que a escola tem dado a esse fenômeno e chamando a atenção para a necessidade de posturas metodológicas não apenas voltadas para a adoção de um conhecimento teórico atualizado, mas também para respostas significativas à aprendizagem do aluno. Para Ribeiro, em vez de tratar o exercício da argumentação como afronta à ordem social da escola, seria necessário reconhecer os conhecimentos que os alunos trazem em sua bagagem cultural, incluindo, ao mesmo tempo, em seus propósitos educativos, o aprimoramento desses saberes institucionalizados.

Para reforçar essa ideia, pode-se afirmar que muitas situações sociais requerem mais que a habilidade corriqueira de manifestar as próprias opiniões e necessidades ou de atingir, por meio da linguagem, os objetivos pretendidos. Há contextos formais, em que se fala para um público desconhecido — por vezes, até pouco amistoso — sobre temas que extrapolam a vida cotidiana e o senso comum. Nesses momentos, além de considerar e monitorar as expectativas e disposições da plateia, é preciso desenvolver raciocínios complexos, bem articulados e consistentes, para conseguir convencer os interlocutores. E mais: nessas ocasiões públicas e formais, em geral, a variedade linguística esperada é a norma urbana de prestígio, com a qual, portanto, deve-se estar familiarizado. Esse tipo de situação não ocorre apenas na vida profissional dos advogados ou na carreira dos candidatos a cargos eleitorais; ele está presente nas reuniões de trabalho de diferentes profissões, nas discussões do sindicato e do condomínio, nas assembleias de trabalhadores, até mesmo nas igrejas.

Todas essas ponderações justificam, pois, a ousadia de Roziane Ribeiro. É mesmo necessário que a escola se empenhe no desenvolvimento da oralidade dos alunos, visando a possibilitar-lhes fluência e desembaraço na linguagem falada em instâncias públicas, inclusive na variedade padrão formal. E é preciso também proporcionar-lhes oportunidades de aprender, entre outras habilidades linguísticas, a argumentação racional, articulada e consistente, que se formula com base na reflexão sobre um tema e se exerce deliberadamente sobre determinado público. Confirmada a necessidade, é fácil concordar com a conveniência de se começar cedo esse trabalho, explorando, desde os primeiros anos escolares, a capacidade argumentativa, digamos, "intuitiva" das crianças.

O valor maior deste livro de Roziane Marinho Ribeiro é, no entanto, demonstrar a viabilidade do investimento escolar na capacidade de argumentação oral dos alunos e fornecer exemplos que comprovam as possibilidades de sucesso dessa empreitada.

Tomando uma classe de 32 crianças do 5º ano do Ensino Fundamental, com idades entre 9 e 10 anos, a autora planejou e implementou sequências didáticas voltadas para o ensino/aprendizagem de três gêneros argumentativos orais: o diálogo argumentativo, o texto de opinião e o debate, trabalhando com os alunos as dimensões discursivas e cognitivas envolvidas. O relato dessa pesquisa-ação inclui intervenções voltadas para o domínio do tema a ser discutido, para as condições de produção do discurso (os objetivos a serem atingidos, o público a ser convencido etc.) e para as operações de linguagem adequadas ao êxito da atividade. A aprendizagem obtida ao longo do trabalho e a progressão dos alunos ficam evidentes nos muitos exemplos e nos gráficos apresentados.

Tudo isso tem como base, por um lado, uma fundamentação teórica consistente e, ao mesmo tempo, exposta em estilo leve e acessível aos menos familiarizados, e, por outro lado, uma análise cuidadosa e pertinente, que faz ver ao leitor os elementos importantes a serem considerados num trabalho similar em sala de aula.

Assim, a conclusão é que este livro deve ser lido — por professores de Língua Portuguesa do Ensino Fundamental, por estudantes de graduação dos cursos de Letras e Pedagogia, por alunos de Especialização, mestrandos e doutorandos. Um livro com o qual se aprende muito e que... tem final feliz!

Introduzindo o tema

Este trabalho surgiu do desejo de pôr o ensino da argumentação oral como objeto de discussão, considerando o espaço pouco privilegiado que ela ocupa na sala de aula.[1] Isso porque a inserção da argumentação como objeto de estudo na escola básica aparece tardiamente — geralmente nas últimas séries do Ensino Fundamental e no Ensino Médio, em sua maioria, voltada para os gêneros escritos. Esta visão da escola é motivada pela crença de que a argumentação se desenvolve naturalmente e por uma condição de maturação cognitiva.

Contrariando essa concepção, defendemos a ideia de que as crianças são capazes de argumentar desde muito cedo e que essa capacidade argumentativa se amplia a partir das suas experiências com práticas discursivas construídas socioculturalmente. Pela interação social que elas mantêm com os outros, adultos ou crianças, revelam ser capazes de

---

1. Também é resultado do trabalho de Mestrado *Oralidade e ensino: uma proposta de sequência didática envolvendo gêneros argumentativos*, defendido no Programa de Pós-Graduação em Letras da UFPB, em setembro de 2003, cuja pesquisa foi desenvolvida numa turma de 4ª série, correspondente ao 5º ano do Ensino Fundamental, na estrutura atual da Escola Básica.

construir os mais diversos tipos de argumentos, como o de autoridade, por exemplo. Isto implica, por conseguinte, em acionar a escola, através de ações didáticas progressivas ou sequências didáticas planejadas pelos professores, que possam monitorar o aluno na aquisição do conhecimento sobre os discursos argumentativos e as operações de linguagem com as quais estes se relacionam.

O conteúdo aqui expresso apresenta-se como um instrumento de reflexão para o ensino de língua materna e, ao mesmo tempo, uma proposta de ação que vislumbra uma transformação conceitual e metodológica do professor acerca dos gêneros orais argumentativos de domínio público, contribuindo para instalar nas práticas escolares mudanças qualitativas no que se refere ao processo ensino/aprendizagem.

A relevância dessa proposta pode ser justificada, em primeiro lugar, pelo fato de contemplar novos encaminhamentos linguísticos para o ensino da argumentação, tendo em vista que a competência argumentativa não é um produto inato e sim cultural, como já foi dito. Face à diversidade de eventos comunicativos existentes na sociedade nos quais somos incitados a argumentar, a escola se defronta com o desafio de ensinar as crianças a argumentarem, de forma que elas se apropriem dos diversos gêneros de circulação pública e possam agir como hábeis produtoras e consumidoras do conhecimento letrado, dos saberes determinados culturalmente.

Em segundo lugar, essa proposta se justifica por tomar a oralidade como objeto de estudo, uma vez que essa modalidade da língua também é pouco explorada nas práticas escolares. Mesmo a Linguística tendo investido prolongados anos de pesquisas sobre a importância do estudo da oralidade (desde o início da década de 70), podemos observar que a escola, de uma maneira geral (Educação Infantil, Ensino Fundamental ou Ensino Médio), ainda não contempla os gêneros orais como objeto de ensino-aprendizagem. Os professores comungam a ideia de que trabalhar a oralidade corresponde a um simples exercício de fala, exemplificado na forma de diálogo ou exposição espontânea. Convém explicitarmos que o fato de os alunos interagirem como falantes naturais não lhes garante uma eficiência nas produções orais, pois assim como os textos escritos, os textos falados de domínio público também são orientados por convenções formais da língua, cabendo à escola, portanto, o papel de ensiná-los.

O propósito de formar alunos críticos que saibam se posicionar e confrontar suas opiniões nas mais diversas situações comunicativas é uma importante meta social. Assim, é necessário redefinir o ensino da língua materna, tomando como referência práticas sociais de linguagem institucionalizadas, tanto na escrita como na fala. Pensamos que é urgente a inserção dos gêneros orais argumentativos no trabalho de sala de aula, de maneira que seja possível operar mudanças substanciais na capacidade argumentativa dos alunos, cumprindo o propósito anteriormente enunciado.

Embora saibamos das capacidades linguístico-cognitivas das crianças para argumentarem, manifestadas principalmente em situações espontâneas do convívio familiar, é necessário ampliar essas capacidades, de modo a favorecer o conhecimento e a apropriação de outras formas de argumentação mais elaboradas legitimadas pela sociedade. Aqui vale uma redundância proposital enfatizando que o papel fundamental da escola é ensinar sistematicamente os usos que fazemos da língua em sociedade.

Desse modo, estamos propondo pensar a argumentação sob uma perspectiva de linguagem que se fundamenta em movimentos discursivos sobre os quais os falantes agem e constroem novos discursos. E esses movimentos são intrinsecamente marcados por uma dialética que se materializa no dizer (posição social do falante), na finalidade do dizer e na interação que se estabelece entre os falantes (enunciador/destinatário), permeadas por práticas sociais instituídas culturalmente.

Isto não significa negar a dimensão cognitiva que envolve o processo de argumentação, pois sabemos que a produção e a interpretação de argumentos são artefatos linguísticos também de ordem interna, uma vez que as operações de linguagem são atividades da cognição. Mas, é preciso compreendermos a cognição em sua relação com o social, relação esta que implica tanto mudanças nas práticas dos indivíduos em sociedade, como nas estruturas mentais que, sob o efeito de ações inconscientes geridas cultural e ideologicamente, são construídas e transformadas ao longo das experiências vividas.

Nesta breve exposição, procuramos situar o leitor em relação ao contexto geral da obra. O capítulo 1 trata da argumentação em seus aspectos teóricos. Discorremos sobre duas abordagens de estudo da argumentação: a Nova Retórica e a Linguística. A primeira diz respeito a uma releitura da Retórica Clássica e a segunda concentra a sua análise na Semântica Argumentativa e nas teorias sociointeracionistas.

O capítulo 2 discute a argumentação numa perspectiva sociodiscursiva. Situada num quadro teórico sociointeracionista, essa discussão nos leva a refletir sobre o papel da argumentação no contexto das práticas sociais, assim como as suas propriedades estruturais e funcionais, enquanto produto das interações entre os interlocutores.

No capítulo 3, analisamos o processo de construção de argumentos no contexto de sala de aula, focalizando as evidências argumentativas — que descrevem o processo e construção e os tipos de argumentos utilizados; as evidências linguístico-discursivas — que interpretam aspectos da língua presentes nos discursos argumentativos; e as evidências de progressão — que apresentam alguns resultados da aprendizagem dos gêneros orais argumentativos. Descrições e interpretações são construídas acerca das produções de alunos referentes a três gêneros orais argumentativos: o diálogo argumentativo, o texto de opinião e o debate. Não pretendemos fazer uma análise exaustiva, nem tampouco definitiva, até porque isto seria impossível. Nossa intenção é mostrar os resultados de um estudo investigativo sobre o ensino de gêneros argumentativos e refletir sobre eles.

Por último, apresentamos nossas considerações finais, avaliando e discutindo as possíveis contribuições deste trabalho para a prática pedagógica do professor. Nossa opção por este estudo foi por acreditarmos que ele nos levaria a respostas significativas sobre a forma como crianças de 5º ano do Ensino Fundamental lidam com os discursos argumentativos, de que forma elas produzem esses discursos e como se dá o processo de evolução das suas capacidades linguístico-discursivas.

Capítulo 1
A argumentação sob alguns enfoques teóricos

A argumentação na perspectiva da nova retórica

A argumentação, enquanto ato persuasivo, vem sendo estudada pelo homem desde a Antiguidade, inicialmente pela Filosofia (Retórica Clássica) e até os dias atuais por várias áreas do conhecimento, sobretudo pela Linguística, que dedica um espaço considerável às pesquisas voltadas para os mais diversos aspectos dessa temática. Esse interesse se manifesta nas várias tendências de estudos da linguagem — cognitivas, interacionistas e enunciativas — que atribuem à argumentação um papel importante na construção dos discursos e na atividade comunicativa em si.

Na Retórica Clássica a argumentação pode ser vista como uma técnica pedagógica para dar condições às pessoas de acessarem um conhecimento estabelecido, um procedimento pelo qual se chega ao saber ou ainda um modo de convencer alguém sobre uma verdade ou uma tomada de decisão. Nesse momento a argumentação atua no campo da lógica, da razão pura, sendo a linguagem entendida apenas como instrumento, como meio para persuadir o auditório (Guimarães, 1995). Devemos levar em conta que auditório está aqui compreendido como o *destinatário a quem se pretende influenciar com a argumentação*, definição esta que será ampliada em segmentos posteriores deste capítulo.

Com Aristóteles, tem início o estudo sistemático da estrutura do pensamento racional, capaz de produzir provas argumentativas, mas é importante destacar que ele se limitava a analisar os meios de prova demonstrativos. Nessa perspectiva filosófica, a argumentação só tem validade quando consegue a aceitação universal, ou seja, a adesão do auditório. A noção de auditório, nesse paradigma, assume um papel fundamental, pois é em função dele que a argumentação se concretiza e, no caso da Retórica, ele assumia importância maior ainda, uma vez que o objeto de interesse era a arte da oratória, do domínio público através da fala. Portanto, a fala do orador é concebida como forma de ação, embora a ênfase não esteja no que se diz, no conhecimento produzido por ela e sim na finalidade de persuadir o outro.

Do ponto de vista teórico, o surgimento da Retórica trouxe grandes contribuições para a Linguística, pois representa um marco na tradição ocidental no que se refere à reflexão sobre a linguagem, embora a língua fosse entendida como um instrumento de representação e, portanto, exterior aos processos argumentativos (Todorov, 1998 apud Faria, 2004).

Não podemos esquecer que a época em que Aristóteles viveu era outra, com valores e demandas sociais completamente diferentes do mundo contemporâneo, o que talvez explique as razões da sua escolha pelo estudo da argumentação focalizada em três gêneros do discurso: *o judiciário* — utilizado nos tribunais e centrado na defesa ou acusação, *o deliberativo* — mais usado em assembléia política e centrado no exemplo e no raciocínio por analogia e *o epidítico* — que lança mão do recurso do elogio para atingir o seu fim (Faria, 2004).

Os estudos contemporâneos sobre argumentação devem tributo especial a Perelman e Tyteca (1996), cuja obra, *Tratado da argumentação: a nova retórica*, propõe um novo paradigma filosófico, analisando a argumentação numa perspectiva diferente da antiga retórica de Aristóteles, à qual faz uma crítica.

A crítica desses autores se pauta no fato de que a Retórica Clássica ou Aristotélica concentrava seus estudos na arte de falar em público e que, além disso, condiciona toda a estrutura da argumentação às leis da lógica.[1] Para exemplificar, podemos citar o silogismo clássico "Todo homem é mortal. Sócrates é homem. Portanto, Sócrates é mortal". Este exemplo corresponde a um tipo de argumento dedutivo que só se torna válido em função das verdades apresentadas pelas premissas.

Nesse caso, o que importa mesmo é a relação lógica com que a premissa maior (verdade universal) se articula com a premissa menor (verdade particular), conduzindo à conclusão independentemente do conteúdo das mesmas. As

---

1. Lógica é o estudo dos métodos e princípios usados para distinguir o raciocínio correto do incorreto. Lógica e raciocínio dedutivo não estão preocupados em examinar a verdade das premissas em um argumento lógico [...] a preocupação é com o fato de se as premissas envolvem logicamente a conclusão (Copi, 1982, p. 19 apud Dias, 1996, p.13).

falácias são discursos que comprovam isto, pois elas contêm fatos verdadeiros, mas sua forma de apresentação induz a conclusões erradas, como neste exemplo jocoso "As células não têm consciência. O cérebro é feito de células. Portanto, o cérebro não tem consciência". Podemos perceber que a estrutura de apresentação desse silogismo respeita as regras do raciocínio formal, mas a verdade das premissas não envolve logicamente a conclusão, ou seja, produz uma inverdade.

A Nova Retórica preocupa-se com a argumentação do ponto de vista da linguagem falada e escrita, embora a ênfase seja dada aos textos escritos. Esta abordagem teórica conserva da Retórica Clássica a ideia de auditório, de orador e de discurso, elementos responsáveis pelo movimento argumentativo, mas seu objeto de estudo é, sobretudo, a estrutura da argumentação, sem haver preocupação com as leis da lógica. Portanto, a estrutura do silogismo categórico ou aristotélico, em que duas premissas ou supostas verdades conduzem a uma conclusão lógica tirada delas, não satisfaz aos interesses desses estudiosos, nem aos nossos.

Perelman e Tyteca (1996) se opõem a este raciocínio silogístico e definem a argumentação como um ato persuasivo com o objetivo de provocar ou aumentar a adesão dos interlocutores às teses apresentadas. Assim, a eficácia da argumentação está associada à capacidade de aumentar essa intensidade de adesão, desencadeando nos ouvintes a ação pretendida ou criando uma predisposição para esta ação, que se manifestará em um momento oportuno.

Para esses estudiosos, a argumentação se realiza em dois sentidos distintos: argumentação persuasiva e argumentação convincente. A primeira é válida para um auditório particular e a segunda está relacionada a um auditório universal. As palavras dos autores confirmam essa distinção:

> Propomo-nos chamar de persuasiva a uma argumentação que pretende valer só para um auditório particular e chamar convincente àquela que deveria obter a adesão de todo ser racional [...]. É, portanto, a natureza do auditório ao qual alguns argumentos podem ser submetidos com sucesso que determina em ampla medida tanto o aspecto que assumirão as argumentações quanto o caráter, o alcance que lhes serão atribuídos (Perelman; Tyteca, 1996, p. 31-33).

Esta afirmativa nos incita a concluir que a noção de auditório, proveniente da antiga Retórica, também assume grande importância neste novo modelo de argumentação. Trazendo esta definição de auditório para o âmbito da Linguística, podemos dizer que ela corresponde ao interlocutor (individual ou coletivo) para o qual dirigimos nossos argumentos.

Nesse sentido, é a relação entre orador e auditório que constitui o sentido da argumentação. Isto explica a concepção de auditório vista sob a ótica da heterogeneidade, que supõe a existência de vários indivíduos, pensando de forma diferente e possivelmente chegando também a conclusões diferentes. Dessa forma, não teríamos apenas um auditório e sim vários deles, cada um com suas especificidades, mas, ao mesmo tempo, mantendo uma relação de universalidade consigo próprio e com os outros. Isto equivale a dizer que não teríamos também uma única forma de argumentar, considerando que cada auditório determina interações e propósitos diferentes, o que implica dizer também que uma estrutura argumentativa pode ser aplicada com sucesso numa situação discursiva e em outra pode não demonstrar a mesma eficiência.

Os autores da Nova Retórica, mencionados anteriormente, sugerem a seguinte classificação de auditório: a) auditório universal — aquele constituído por toda a humanidade; b) auditório particular — aquele formado no diálogo, pelo interlocutor ou interlocutores a quem se dirige e c) auditório individual — formado pelo próprio sujeito, quando delibera as razões dos seus atos.

Interpretando esta questão, Koch (2000) afirma que um auditório universal se relaciona ao ato de convencer através de um raciocínio estritamente lógico e por meio de provas objetivas, é a busca pela razão, de caráter puramente demonstrativo e atemporal. De outro lado, está o ato de persuadir que se dirige ao auditório particular através de argumentos plausíveis ou verossímeis e tem caráter ideológico, subjetivo, temporal, buscando atingir a vontade e o sentimento do(s) interlocutor(es): o primeiro contém em si um movimento que conduz a certezas, ao passo que o segundo busca adesão aos argumentos apresentados, implicando, necessariamente, num processo de construção de inferências por parte do auditório.

O que podemos concluir nesta breve discussão sobre os estudos da Nova Retórica é que a grande contribuição de Perelman e Tyteca (1996) foi dar início a uma nova concepção de argumentação, como produto da interação social, portanto, oriunda de processos discursivos. Para eles, a maior riqueza das interações que se deve levar em conta é a força dos argumentos conduzida implícita ou explicitamente pelos interlocutores, constituindo-se em fatores de argumentação. E essa força dos argumentos vai variar de acordo com o auditório com o qual se interage e com o objetivo da argumentação. Embora reconhecendo a imprecisão das condições em que os fenômenos interativos se desenvolvem, consideram que sejam eles que determinam, em grande parte, a escolha dos argumentos, a amplitude e a ordem da argumentação.

A argumentação na perspectiva da Linguística

Uma abordagem linguística de grande repercussão no estudo da argumentação é a da semântica argumentativa, que tem como principal representante Oswald Ducrot. Este teórico da enunciação define a argumentação como um ato linguístico fundamental, um elemento estruturante do discurso. A Semântica Argumentativa postula uma pragmática integrada à descrição linguística, em que o semântico, o sintático e o pragmático se encontram interligados. Para ele, a argumentatividade está inserida na própria língua:

> A argumentação pode estar diretamente determinada pela frase, e não simplesmente pelo fato que o enunciado da frase veicula. Neste caso, dir-se-á que a argumentação está "na língua", "nas frases", que as próprias frases são argumentativas (Ducrot, 1989, p. 18).

Esta é a tese fundamental de Ducrot e, através dela, a argumentação passa a ter características eminentemente linguísticas, pertencentes à lógica da língua, que não se confunde com a lógica clássica. Trata-se da argumentação dentro da língua, desempenhando um papel central na linguagem, tornando-se parte intrínseca dela. Deste modo, os elementos da língua responsáveis pela orientação argumentativa, os operadores argumentativos, assumem uma posição privilegiada em sua teoria, pois são eles que apontam a força argumentativa dos enunciados.

Os operadores estão diretamente relacionados aos conceitos de classe argumentativa e escala argumentativa, apresentados por Ducrot (1989). A primeira se define por um conjunto de argumentos que têm a mesma força argumentativa para levar a uma conclusão; e a segunda representa uma gradação na força argumentativa dos enunciados para se chegar à conclusão.

Koch (2000) apresenta um estudo significativo sobre argumentação e linguagem e propõe uma ampla classificação de operadores argumentativos, exemplificada a seguir:

- operadores conclusivos: e, também, ainda etc.;
- operadores comparativos: mais que, menos que, tão, assim como etc.;
- operadores de refutação: mas, contudo, porém, no entanto, apesar de etc.;
- operadores de coordenação: porque, por isso etc.

É importante destacar o posicionamento desta autora sobre a função dos operadores argumentativos, corroborando com a perspectiva de estudo de Guimarães (1981), que também se debruça sobre este aspecto.

> [...] a argumentação é uma atividade estruturante do discurso, pois é ela que marca as possibilidades de sua construção e lhe assegura a continuidade. É ela a responsável pelos encadeamentos discursivos, articulando entre si enunciados ou

parágrafos, de modo a transformá-los em texto: a progressão do discurso se faz, exatamente, através das articulações da argumentação [...] a **argumentação**, ao articular entre si os enunciados, por meio dos operadores argumentativos, estruturando, assim, o discurso enquanto texto, apresenta-se como principal fator, não só de **coerência**, mas também de **progressão**, condições básicas da existência de todo e qualquer discurso (Koch, 2000, p. 159).[2]

Estas palavras reafirmam a perspectiva de análise de Ducrot (1989) sobre a argumentação como atividade organizadora do discurso, portanto linguisticamente constituída. Nesse sentido, os conectivos, assim como os advérbios e outros elementos da gramática da língua funcionam como operadores no discurso argumentativo, encadeando e determinando o valor dos enunciados, comprovando que a própria língua tem seus mecanismos para operar argumentativamente.

Ao admitirmos a existência desses mecanismos, somos levados a acreditar também que eles são acionados por relações argumentativas que se estabelecem entre os interlocutores. Quando incitados a apresentarmos razões para explicar ou justificar nossos enunciados, acionamos, naturalmente, estes mecanismos através dos processos de interação social. Desse modo, nossos enunciados são dotados de intenções e buscam na própria língua recursos que possam concretizá-las, ou seja, levar o interlocutor às conclusões esperadas.

À luz da abordagem sociodiscursiva, consideramos a argumentação uma atividade interacional que supõe um movimento discursivo de emissão e troca de opiniões.

---

2. Grifo da autora.

Sendo assim, em vez do silogismo, optamos por uma abordagem teórica que compreende o raciocínio argumentativo como um conjunto de operações cognitivas que se articulam à linguagem numa realização discursiva. Embora estejam descartadas estas regras formais de inferências para explicar como se processa a argumentação, não podemos anular as operações de raciocínio responsáveis pelo movimento argumentativo. Bronckart (1999, p. 226) considera que o raciocínio argumentativo implica, necessariamente, uma *tese* defendida sobre um determinado assunto e supostamente admitida; a proposição de *novos dados* a partir dessa tese é objeto de um processo de inferência que direciona para uma *conclusão* ou *nova tese*. Este posicionamento é exemplificado pelo autor da seguinte maneira: tese: os seres humanos são inteligentes; dados novos: os seres humanos fazem guerra (objeto de inferência — as guerras são uma idiotice); conclusão ou nova tese: os seres humanos não são inteligentes.

De acordo com esta abordagem, o raciocínio argumentativo existe, inicialmente, a partir de uma tese supostamente admitida e, sob a sua égide, novos dados serão propostos, acionando processos de inferência e, consequentemente, orientando para uma conclusão ou nova tese. Torna-se necessário esclarecer que é no processo de inferência que reside a força da conclusão. Retomando o exemplo anteriormente apresentado, podemos dizer que o movimento argumentativo implica, deste modo, justificar o que resultou de processo de inferência apresentado ou autorizado pela argumentação "as guerras trazem morte e desolação" ou amenizar, apresentar restrições a tais inferências "algumas guerras contribuíram para as liberdades individuais", provocando, assim, o tipo de conclusão a ser formulada.

Apesar de reconhecer a obra de Toulmin (1958) como um suporte ao seu trabalho, Bronckart (1999) se opõe a este autor cognitivista que coloca o raciocínio cognitivo como anterior à forma de realização linguística e propõe uma sequência que traduz em quatro fases uma construção argumentativa — é o que ele chama de "semiotização do raciocínio argumentativo em um segmento de texto":

- fase de premissas (ou dados), constituída de uma informação ou constatação inicial;
- fase de apresentação de argumentos, isto é, de elementos que orientam para uma conclusão provável;
- fase de apresentação de contra-argumentos, caracterizada por uma restrição em relação à orientação argumentativa que pode apoiar ou refutar estes contra-argumentos;
- fase de conclusão (ou de nova tese), que articula os efeitos dos argumentos e contra-argumentos, gerando um terceiro posicionamento.

É importante destacar que, na realização discursiva de uma sequência argumentativa, estas operações cognitivas não estão condicionalmente articuladas, ou seja, podemos passar de uma fase à outra, deixando implícitas outras fases. No exemplo a seguir, Bronckart (1999, p. 227) demonstra através de um texto publicitário como é possível passar dos argumentos à conclusão:

> Conforto e segurança máxima, motores potentes, *design* de ponta. São máquinas excepcionais que a Honda propõe a você. Com elas, você obterá uma qualidade de corte e de limpeza

perfeita. Comprar um cortador de grama portátil Honda é para você a garantia de um jardim sempre perfeitamente cuidado, com toda tranquilidade e durante muitos anos (J. Vaudaux, *Actualités*, janeiro, 1977).

Através deste exemplo, podemos perceber que vários argumentos sobre a eficiência do cortador de grama estão reunidos e direcionando para a conclusão de que, ao comprá-lo, o consumidor estará fazendo uma boa aquisição. Neste texto não aparecem as fases das premissas nem dos contra-argumentos, revelando que a argumentação, enquanto atividade de linguagem, não segue, necessariamente, uma ordem linear. Esta visão pragmática do discurso apresentada por Bronckart (op. cit.) tem uma importância fundamental neste trabalho, já que a nossa análise está centrada nos movimentos argumentativos produzidos em sala de aula e na forma como eles são estruturados pelos alunos.

A argumentação se fundamenta em fatos e valores pessoais, assumindo no cotidiano das práticas sociais de linguagem as mais variadas formas, os gêneros textuais. Portanto, a linguagem se constitui num suporte fundamental para a sua construção, e, nesta construção, estão subjacentes mecanismos da própria língua, indicando a sequência argumentativa do enunciado que nem sempre se apresenta da mesma maneira, nem com os mesmos objetivos.

Capítulo 2
A argumentação no contexto das práticas sociais

Pensar a argumentação como prática sociodiscursiva

Nossa abordagem anterior sobre argumentação priorizou uma retomada dos estudos sobre esta temática. Propomos, agora, uma discussão mais particularizada acerca de questões que estão intrinsecamente ligadas à língua, já que a produção de argumentos no cotidiano depende dos usos que fazemos da linguagem.

Para discutirmos as características discursivas da argumentação, resolvemos tomar como referência alguns princípios linguísticos defendidos por teóricos sociointeracionistas, considerando que a argumentação se materializa na linguagem.

Os estudos bakhtinianos, especialmente aqueles que envolvem a teoria da enunciação, vieram contribuir para uma nova concepção de linguagem que, ao contrário do estruturalismo, defende a interação verbal como elemento fundamental da língua. Bakhtin (1995) faz uma crítica à tese estruturalista defendida por Saussure de que a fala é um ato individual, isolado do contexto social.

> A enunciação enquanto tal é um puro produto da interação social, quer se trate de um ato de fala determinado pela situação imediata ou pelo contexto mais amplo que constitui o conjunto das condições de vida de uma determinada comunidade linguística. A enunciação individual (a "parole"), contrariamente à teoria do objetivismo abstrato, não é de maneira alguma um fato individual que, pela sua individualidade, não se presta à análise sociológica. Com efeito, se assim fosse, nem a soma desses atos individuais, nem as características abstratas comuns a todos esses atos individuais (as "formas normativamente idênticas") poderiam gerar um produto social (Bakhtin, 1995, p. 121-122).

O que podemos ver nesta concepção é que a língua é entendida como uma atividade social. Portanto, o processo enunciativo apresenta um caráter essencialmente dialógico e polifônico. A enunciação só se torna possível a partir de um contexto sociohistórico que determinará as condições de produção do enunciado e o tipo de interação que se estabelece entre os interlocutores. Além disso, ela é resultado de vários discursos que se entrecruzam entre a esfera individual e a esfera social. Isso significa dizer que o que nós falamos é produto de outras vozes, dos nossos pais, dos nossos amigos, dos autores que lemos, enfim de todos aqueles com os quais interagimos linguisticamente.

Esse caráter interativo atribuído à linguagem pressupõe um movimento argumentativo, gerado pela necessidade que o homem tem de compartilhar suas ideias, de defender suas opiniões, nas mais diversas situações. Nesse sentido, a fala argumentativa representa a língua em um contexto socialmente determinado, enfatizando-se as condições de produção, recepção e circulação do enunciado, o que significa dizer que a situação discursiva e o contexto de produção organizam e direcionam novas estratégias argumentativas por parte dos interlocutores, agentes dessa interação social.

Dessa forma, as práticas argumentativas implicam dimensões sociais, cognitivas e linguísticas da ação comunicativa e, por seu caráter "dialógico", se constituem como um importante instrumento de construção coletiva. Novamente fomos buscar em Bakhtin (2000, p. 290) o princípio dialógico, sobre o qual esta interatividade argumentativa pode ser compreendida.

> De fato, o ouvinte que recebe e compreende a significação (linguística) de um discurso adota simultaneamente, para com este discurso, uma atitude *responsiva ativa*:[1] ele concorda ou discorda (total ou parcialmente), completa, adapta, apronta-se para executar etc., e esta atitude do ouvinte está em elaboração constante durante todo o processo de audição e de compreensão desde o início do discurso, às vezes, já nas primeiras palavras emitidas pelo locutor.

A argumentação se materializa, então, nas diversas práticas sociais, nas múltiplas situações de comunicação em que somos levados a argumentar, sejam elas formais ou informais. É através dessas práticas sociais que construímos, reconstruímos e interagimos com os argumentos dos outros. Essa interação social é marcada fundamentalmente

---

1. Grifo do autor.

pela argumentatividade, pois todo discurso representa uma ação verbal dotada de intencionalidade, tentando influir o comportamento do outro ou fazer com que ele compartilhe algumas de suas opiniões (Koch, 2000).

Caracterizando alguns gêneros orais argumentativos que circulam dentro e fora da escola

Ampliando o sentido dialógico e polifônico da atividade humana em relação à língua, Bakhtin (1995) redefine a linguagem, em seu caráter social. Para ele, cada esfera de utilização da língua elabora seus tipos relativamente estáveis de enunciados: os gêneros do discurso. A singularidade deste conceito está nos elementos constituintes do enunciado: conteúdo temático (aquilo de que se fala), estilo (posição enunciativa do enunciador) e construção composicional (os elementos estruturais do enunciado) que, quando articulados numa ação linguística, definem, através do tema, o que é dizível e, pelo estilo e composição, a forma de dizer. Sobre gênero e sociedade, Bakhtin (1995, p. 279) se posiciona:

> A riqueza e a variedade dos gêneros do discurso são infinitas, pois a variedade virtual da atividade humana é inesgotável, e cada esfera dessa atividade comporta um repertório de gêneros do discurso que vai diferenciando-se e ampliando-se à medida que a própria esfera se desenvolve e fica mais complexa.

Tomando como verdade essa afirmativa, podemos dizer que os gêneros textuais ou discursivos são produtos sociohistóricos e, dessa forma, podem ser concebidos como "produtos da atividade de linguagem em funcionamento permanente nas formações sociais: em função dos seus objetivos, interesses e questões específicas [...]" (Bronckart, 1999, p. 141). O destaque dado aos gêneros como formas estáveis de enunciados, inicialmente por Bakhtin e depois por muitos outros linguistas (Dolz; Schneuwly, 1996; Bronckart, 1999; Marcuschi, 2002), leva à constatação de que essa estabilidade assume uma função importante nas atividades comunicativas, uma vez que ela é responsável pela regularidade do gênero, enquanto modelo de texto que será veiculado pelos grupos sociais. Por outro lado, é válido salientar que essa estabilidade pode ser relativizada, pois os gêneros, ao longo das práticas, vão sofrendo alterações, assim como novos gêneros vão surgindo em função de novas demandas sociais.

Isso significa dizer que os gêneros textuais são produtos da coletividade e funcionam como colaboradores na ordenação e estabilização das atividades comunicativas cotidianas (Marcuschi, 2002). Podemos exemplificar esta afirmação com o gênero *e-mail*, que há bem pouco tempo e por uma exigência da sociedade informatizada, começou a fazer parte da nossa comunicação. Portanto, a existência e a permanência de um gênero numa determinada comunidade é definida pela esfera sociocultural e pelos parâmetros enunciativos — conteúdo temático, destinatário, finalidade.

Sobre esta plasticidade e dinamicidade dos gêneros, Marcuschi (2002, p. 31) apresenta a proposta de configuração híbrida de alguns gêneros, que significa a "mescla de gêneros em que um gênero assume a função do outro". A esta possibilidade de hibridização de gêneros estão associados os conceitos de intertextualidade intergêneros (um gênero assumindo a função de outro) e heterogeneidade tipológica (um gênero marcado por vários tipos). Por exemplo, podemos ter no primeiro caso um editorial com função de carta pessoal e, no segundo, uma carta pessoal com marcas do poema.

Entre os muitos aspectos dos gêneros do discurso estudados por Bakhtin (1995), é importante destacar a distinção que ele estabelece entre gêneros primários, como aqueles que se constituem em circunstâncias de uma troca verbal espontânea, por exemplo: o diálogo familiar; e os gêneros secundários, que aparecem em situações mais complexas e, relativamente, mais evoluídas de trocas culturais, artísticas, científicas e sociopolíticas. Explicitando melhor essa diferença, pode-se dizer que os gêneros secundários são formas de ação sociocomunicativas materializadas em textos, legitimados e padronizados por instâncias sociais.

Reinterpretando os pressupostos bakhtinianos, Dolz e Schneuwly (1998) consideram que um gênero pode ser entendido como um "megainstrumento" que possibilita eventos comunicativos. O termo "megainstrumento" foi utilizado analogamente a uma fábrica, onde instrumentos de produção trabalham em conjunto para produzirem objetos que vão atender às necessidades da sociedade. Nessa analogia, os gêneros textuais se constituem em instrumentos linguísticos que vão atender às mais diversas necessidades de comunicação da sociedade.

No que concerne à prática de gêneros argumentativos que circulam dentro e fora da escola, como prática social de linguagem, ressaltamos a proposta dos agrupamentos tipológicos de Dolz e Schneuwly (op. cit.), que se mostram como uma possibilidade metodológica importante para compreender e distinguir os mais diversos gêneros discursivos presentes nas práticas letradas. Interessa-nos aqui o agrupamento na *ordem do argumentar* que traz como componentes os seguintes gêneros orais e escritos: diálogo argumentativo, texto de opinião, carta de leitor, debate, carta de reclamação, discurso de defesa (advocacia), resenha crítica, editorial, ensaio etc.

Estes e outros gêneros na ordem do argumentar igualmente comportam diversas características, as quais lhe conferem essa classificação: ocorrências de movimentos discursivos próprios da argumentação (justificativa/sustentação, refutação e negociação), presença de operadores argumentativos e situação enunciativa marcada pela existência do outro com quem se deseja argumentar e, possivelmente, sobrepor- se ao seu posicionamento.

O mais interessante nesta proposta de agrupamento é que ela oferece possibilidade ao aluno de conhecer e se apropriar das especificidades tipológicas e características individuais dos gêneros contemplados no estudo. Destacaremos, a seguir, alguns gêneros orais argumentativos sobre os quais nossa análise posterior versará.

O diálogo argumentativo

Classificado na teoria bakhtiniana como um gênero primário, o diálogo está inserido no cotidiano das crianças, tanto no âmbito familiar como no escolar. Talvez possamos dizer que o diálogo é a primeira forma de manifestação da linguagem argumentativa na esfera social, na medida em que os atos discursivos produzidos nessas situações cotidianas fazem emergir os movimentos argumentativos que podem se expressar através de uma tomada de posição, uma refutação, uma solicitação etc.

Reyzábal (1999) define o diálogo como uma forma bipessoal básica da comunicação humana, uma interação oral entre duas pessoas e, por extensão, entre qualquer número de pessoas (conversação, colóquio, mesa-redonda...). Este intercâmbio verbal requer a participação ativa dos interlocutores e uma forma linguística específica. Para esta autora (1999, p. 20):

> O jogo oral pergunta/resposta é uma das primeiras e principais formas de interação cognitiva, o que ressalta a importância de ser capaz de compreender adequadamente e de falar, com clareza e precisão, para si mesmo e para os demais — sempre tendo em conta que falar não é pronunciar palavras, mas 'recriá-las' na construção de cada discurso.

Esta concepção, da qual desejamos compartilhar, reconhece o valor da oralidade como uma modalidade da língua, portanto, atrelada a um sistema simbólico e aos fenômenos sociais. Nesse sentido, a recriação do discurso implica, necessariamente, um processo simultâneo de produção e recepção de enunciados, mediatizados pela necessidade de formular ou responder, de maneira precisa e coerente, intervenções dialogais. O diálogo como intercâmbio oral e afetivo requer, de acordo com Titone (1986, p. 70 apud Reyzábal, 1999, p. 130):

a) uma presença ativa bipolar, que exige, por conseguinte, uma suficiente igualdade entre ambos interlocutores;

b) uma alternância nas réplicas e, por conseguinte, um movimento circular e bidirecional;

c) um intercâmbio de informação realizado apenas em parte ou não realizado absolutamente;

d) uma forma linguística específica que privilegia determinadas estruturas sintáticas;

e) uma concatenação sintático-contextual das respostas, pela qual o discurso apresenta coesão e coerência interna.

É nisto que se fundamenta o diálogo argumentativo. Este gênero, que estamos considerando como uma variação do diálogo, é fomentado pela atividade linguístico-discursiva que envolve os interlocutores, e a sua importância incide sobre a capacidade de gerar conflitos, fazendo com que esses interlocutores busquem novos argumentos para defender suas ideias. Buscando convencer ou persuadir o outro através do discurso, o interlocutor sempre estará recorrendo ao raciocínio lógico, às evidências, às emoções, às provas e outros mecanismos de argumentação, no sentido de validar o discurso próprio.

Na visão de Bronckart (1999, p. 230), essa forma linguística concretiza-se nos segmentos de discursos interativos organizados em turnos de fala que são diretamente assumidos pelos agentes-produtores envolvidos na interação verbal. Para falar desta sequência dialogal, este autor faz referência a Adam (1992), que aponta como condição para que haja diálogo o engajamento efetivo dos interlocutores na conversação, de forma que seus enunciados se organizem mutuamente, gerando um texto coerente e coproduzido. Descrevendo a composição estrutural deste gênero, Adam (1992 *apud* Bronckart, 1999, p. 231) propõe uma sequência organizada em três fases:

- fase de abertura — contato inicial dos interlocutores de acordo com os usos e modelos socioculturais: "– Como vai? — Bem, e você?";
- fase transacional — construção partilhada do conteúdo temático através da interação verbal: "— Você viu a Elsa hoje? — Não. Quem sou eu!";
- fase de encerramento — conclusão da interação verbal: "Então, até logo! — Até...".

É preciso considerar que cada uma dessas fases contém em si atos discursivos que se realizam em um pedido, uma afirmação, imposição, justificação etc. E aqui se torna importante dizer que a sequência dialogal poderá se apresentar de maneira contínua ou descontínua. Dizendo de outra forma, o diálogo pode conter todas as fases organizadas continuamente como expusemos acima, mas também pode se organizar passando da fase transacional para a fase de encerramento, sem passar pela fase de abertura, ou mesmo se realizar em apenas uma fase, indicando, portanto, uma descontinuidade no fluxo da sequência dialogal. O que vai determinar a realização destas fases na sequência dialogal, assim como em outras sequências interativas, é o grau de aceitação ou conformidade dos interlocutores às regras sociocomunicativas. Por isso, não podemos esperar dos nossos alunos sempre um mesmo fluxo dialogal, como a escola preconiza.

A fase transacional implica uma interação verbal entre os interlocutores que, dependendo da finalidade dos seus discursos, pode entreter, informar, convencer ou persuadir. Esta é a razão pela qual estamos tratando aqui de diálogo argumentativo. Estamos considerando o diálogo que aciona e põe em jogo a capacidade argumentativa dos interlocutores. Neste caso, torna-se possível, através dele, ir além das trocas de turnos, na medida em que cada interlocutor se posiciona, interpreta o posicionamento do outro e constrói todo um encadeamento argumentativo em função do tema ou conteúdo discutido.

Pode parecer elementar o ensino do diálogo na escola, levando em conta que as crianças já trazem das suas experiências familiares um bom repertório de conhecimentos acerca das regras de conversação internalizadas de modo espontâneo. Entretanto, consideramos que a escola deve garantir ao aluno, além desses conhecimentos básicos, a ampliação e apropriação de outras competências linguísticas relacionadas, principalmente, ao diálogo argumentativo, ao texto de opinião e ao debate, tão pouco explorados pelos professores.

O texto de opinião

Pela sua abrangência conceitual, digamos, para começar, que o texto de opinião é em suas múltiplas variações uma representação linguística de um ponto de vista ou posicionamento pessoal, orientada pela interação discursiva estabelecida com o interlocutor. Nesse estudo, estamos focalizando, especificamente, o *texto de opinião oral* — gênero de discurso na ordem do argumentar em que o locutor apresenta um posicionamento oral acerca de uma determinada questão, utilizando-se de estratégias argumentativas.

Os critérios que utilizamos para caracterizar o gênero *texto de opinião oral* foram baseados nos trabalhos de Bräkling (2000), Rodrigues (2000) e Souza (2002), que atribuíram importância significativa ao estudo do gênero artigo de opinião. Embora os estudos dessas autoras estejam voltados para o artigo de opinião pertencente à esfera jornalística, foram de grande valia para caracterizarmos o texto de opinião oral, uma vez que há lacunas investigativas em relação a este gênero na modalidade oral. Diante desse fato, estamos tomando como nossa a denominação texto de opinião oral e a caracterização atribuída a esse gênero, resultantes dessa confluência de leituras.

O suporte teórico que fundamenta essa adaptação é a abordagem de Bakhtin (2000) sobre os gêneros discursivos. Como já foi afirmado anteriormente, na perspectiva bakhtiniana os gêneros são tipos de enunciados relativamente estáveis. Fica evidenciado, portanto, nesta definição que é possível recriar os gêneros, considerando que os discursos se moldam em função das situações sociais de comunicação, ou seja, são as mais diversas atividades do homem em sociedade que determinam a criação de novos gêneros discursivos para atender às suas finalidades. Tratando desta questão, Marcuschi (2002, p. 29) apresenta algumas considerações relevantes:

> [...] os gêneros textuais não se caracterizam como formas estruturais estáticas e definidas de uma vez por todas. [...]

São muito mais famílias de textos com uma série de semelhanças. Eles são eventos linguísticos, mas não se definem por características linguísticas: caracterizam-se, como já dissemos, enquanto atividades sociodiscursivas. Sendo os gêneros fenômenos socio-históricos e culturalmente sensíveis, não há como fazer uma lista fechada de todos os gêneros.

Aliamo-nos a Rodrigues (2000) e tomamos isso como verdade, defendendo a ideia de que a composição do artigo de opinião tem a heterogeneidade como uma de suas características, o que significa dizer que esta composição pode ser marcada pela presença de outros gêneros, por exemplo, relatos, que funcionam no todo do gênero como estratégias discursivas de sustentação da argumentação. No texto de opinião oral, a situação é semelhante; trata-se de um gênero essencialmente opinativo que se insere geralmente na entrevista, na reportagem, nas enquetes e em outros exemplos do jornalismo falado, impresso e multimídia (veiculado pela internet). Aqui estamos nos referindo às enquetes de rádio e TV que solicitam dos participantes uma resposta acompanhada de uma justificativa. Mas este gênero não aparece somente nestas situações de produção formal, mas também em outras circunstâncias espontâneas da conversação, como no bate-papo que pode acontecer em casa, na escola, pela internet ou em qualquer outro ambiente de convivência grupal.

Na escola, "ele assume uma outra dimensão quando são criadas as condições de produção para que o aluno se posicione discursivamente" (Rodrigues, 2000, p. 217), pois se constitui num importante instrumento de participação do aluno. Além disso, permite que os alunos possam partilhar conhecimentos, opiniões e confrontá-las, quando necessário.

Vejamos, então, os elementos discursivos e linguísticos que marcam a configuração composicional do gênero em discussão:

a) sequência tipológica: argumentativa;
b) estratégias discursivas: deliberação, explicação, demonstração;
c) estratégias enunciativas: marcas do autor e do destinatário;
d) estratégia argumentativa: tese, argumentos e conclusão;
e) organização linguística:
- presença de verbos introdutórios do tipo: eu penso, eu acho;
- discurso quase sempre em primeira pessoa;
- articulação coesiva por operadores argumentativos;
- predominância de conectivos de encadeamento (em primeiro lugar, e, depois, em seguida, finalmente, ...) e conectivos lógicos (assim, é por isso, ...);
- predominância de orações afirmativas;
- uso do presente do indicativo, como marcador temporal.

O conhecimento dessas características pelo professor pressupõe um trabalho de melhor qualidade no que se refere ao domínio do gênero em questão e, consequentemente, possibilitará ao aluno desenvolver sua capacidade de produção e análise. Afinal, um bom desempenho linguístico-discursivo está relacionado ao domínio e apropriação dos gêneros que circulam nas diferentes esferas sociais, o que implica, necessariamente, apropriar-se dos seus elementos constitutivos: conteúdo temático, estilo e construção composicional.

O debate

Para iniciar esta terceira e última caracterização, tomaremos como referência a definição de Dolz e Schneuwly (1998, p. 166). Para estes autores sociointeracionistas,

> o debate é uma discussão sobre uma questão controversa entre muitos participantes que exprimem suas opiniões ou atitudes, tentando modificar as dos outros ou ajustando as suas próprias em vista de construir uma resposta comum para a questão inicial.[2]

Dessa forma, configura-se num importante instrumento de desenvolvimento da oralidade e das capacidades argumentativas.

É possível debater na escola? Que efeito produzirá o trabalho com debate na escola? Em que medida o debate pode ser utilizado como instrumento de ensino e aprendizagem? Encontrarmos respostas eficazes para estas questões implica, necessariamente, uma reflexão sobre a prática escolar, sobretudo no que diz respeito ao ensino da linguagem oral. A inserção deste gênero nessa prática ainda transparece um sentido rarefeito, as razões recaindo principalmente sobre os aspectos teórico-metodológicos que envolvem a ação do professor: formação acadêmica deficitária, concepção de

---

2. Tradução nossa.

língua apoiada na linguística tradicional, recursos didáticos ineficientes, ausência de formação contínua etc. Há como reverter esta situação? Acreditamos que sim, e vislumbramos a possibilidade de ver os gêneros orais, entre eles o debate, assumirem o papel de protagonistas do ensino da língua, tal qual os gêneros escritos.

O debate, enquanto gênero oral argumentativo, é marcado por uma linguagem persuasiva que se propõe a convencer ou persuadir o outro. Isto significa acionar mecanismos argumentativos que resultam na defesa ou elaboração de um ponto de vista, oportunizando aos interlocutores — no caso, os alunos — confrontarem suas próprias opiniões de maneira justificada, compreenderem o mecanismo das trocas discursivas e aprofundarem suas reflexões acerca de questões discutidas. O debate, segundo Dolz e Schneuwly (1998, p. 27):

> Permite o desenvolvimento de capacidades fundamentais, tanto do ponto de vista linguístico (técnicas de retomada do discurso do outro, marcas de refutação etc.), cognitivo (capacidade crítica) e social (escuta e respeito ao outro), como do ponto de vista individual (capacidade de se situar, de tomar posição, construção de identidade).

É fundamental que os professores reflitam sobre estas questões, pois, na medida em que o debate desenvolve estas capacidades, promove também a inserção do aluno no mundo da cidadania. Além disso, bloqueia inibições e favorece a interação entre os participantes.

Estes autores apontam uma classificação para o debate que se fundamenta num conjunto de fatores articulados — situação social de comunicação (lugar, pessoas envolvidas, papéis sociais), conteúdo discutível e objetivo da discussão — sobre o qual este gênero se organiza. Como veremos na classificação proposta a seguir, a atividade de debater assume diferentes versões, definidas pelas questões e objetivos que as geraram, ou seja, variam em função de suas finalidades.

TIPOS DE DEBATE	QUESTÕES NORTEADORAS
Debate para resolver problemas	Problema surgido na classe e/ou na escola. Ex.: Como utilizar a quadra da escola, de forma que todos os alunos tenham o mesmo direito de usá-la?
Debate de opinião	Questão controversa inserida num tema qualquer. Ex.: O homem tem sido capaz de conciliar progresso e preservação da natureza?
Debate deliberativo	Pergunta que exige uma resposta consensual. Ex.: De que maneira iremos comemorar nossa despedida de turma?

Embora consideremos que os tipos de debate apresentados partilhem da mesma estrutura composicional, seus objetivos não são os mesmos, portanto haverá diferenças na forma de realização de cada um deles. O debate para resolver problemas busca soluções para o problema levantado. O debate de opinião tem como meta confrontar opiniões, transformando, se possível, a posição do outro. O debate deliberativo, por sua vez, visa uma tomada de decisão em função da pergunta enunciada.

Seja qual for o tipo de debate a ser realizado na escola, para a escolha do tema é necessário considerar quatro dimensões (Dolz; Scheneuwly; De Pietro, 2004, p. 262):

- dimensão psicológica: interesse dos alunos;
- dimensão cognitiva: nível de complexidade compatível com os alunos;
- dimensão social: aprofundamento crítico-social; e
- dimensão didática: conteúdo de aprendizagem.

Por outro lado, sabemos que o debate de opinião vai exigir muito mais o uso das dimensões cognitiva e social do que os outros apontados, uma vez que requer mais aprofundamento nas questões relativas ao tema discutido.

Rosenblat (2000) afirma que o debate só é possível a partir de três aspectos articulados às situações de produção: a) o grau de familiaridade com a situação de produção; b) a escolha de temas que trazem em si um conteúdo polêmico (discutível); e c) o nível de repertório do conteúdo temático. Assim, os temas escolhidos não podem ser tão difíceis que os alunos não dominem, nem tão fáceis que não permitam um avanço cognitivo.

Uma vez admitida a ideia de trabalhar o debate na escola, é necessário conhecermos sua dinâmica de funcionamento, que se dá em torno da regulação ou dinâmica das trocas (escuta do outro, organização do discurso e posicionamento); da justificação (sustentação do posicionamento utilizando de argumentos) e da refutação (réplica, contestação), sendo este último o mecanismo fundamental do debate, pois sem ele não há debate. A discordância se coloca aqui como um detonador da discussão, como operação argumentativa capaz de estruturar as intervenções próprias deste gênero oral público, que só poderá ocorrer a partir de uma questão polêmica que suscite várias respostas, opiniões diferentes.

As atribuições dos componentes do debate (moderador, debatedores e auditório) também marcam papéis e funções diferenciadas na estruturação da discussão. O moderador, responsável pela organização da discussão, além de assumir funções sociais como abrir e fechar o debate — cumprimentando o auditório, apresentando os debatedores, expondo o tema — age como um mediador entre os debatedores e o auditório, regulando e estruturando a dinâmica das trocas; os debatedores se posicionam, apresentam seus argumentos em manifestações consensuais ou de desacordo e o auditório questiona os debatedores, favorecendo a ampliação do debate (De Pietro; Érard; Kaneman-Pougatch, 1997).

Para os autores supracitados (p. 109), o debate assume um papel muito importante no contexto escolar:

> O objetivo do debate proposto em aulas, mais do que a polêmica, é a **construção coletiva de um saber sobre o tema tratado**, graças à presença de um moderador que permite regular as trocas, a colocação em jogo e em discussão de opiniões diversas, para que se avalie esse saber comum e se enriqueçam os pontos de vista individuais [destaque nosso].

Esta citação evidencia um aspecto didático que suscita comentários. Quanto à situação de produção, o debate deve estar baseado em objetivos precisos e em conteúdos reais, promovendo, posteriormente, análises e reflexões sobre o que foi debatido e de que maneira ocorreram os processos de intervenção argumentativa, o domínio sobre o tema e o cumprimento das regras do debate. O que temos aqui são condições válidas para promover competências nos alunos em situações de produções futuras.

Capítulo 3

Argumentação e ensino: construção e apropriação na sala de aula

Conforme já foi dito, o desenvolvimento de habilidades argumentativas inicia desde muito cedo, quando a criança se apropria da linguagem oral e dos usos que pode fazer dela. É na vida cotidiana, interagindo com a família, com os amigos e demais pessoas da comunidade que ela começa a construir seus primeiros argumentos, bem como a identificar argumentos produzidos pelos outros. Quando uma criança, por volta dos 6-7 anos, recebe uma resposta evasiva de um adulto, do tipo "Porque sim" e ela retruca "Porque sim não é resposta", isto revela, embora de forma ainda rudimentar, o conhecimento que ela tem acerca das operações discursivas envolvidas no processo argumentativo. Interpretando o implícito no seu discurso, podemos dizer que essa criança entende o porquê do adulto como uma forma de apresentar razões que a convença de algo.

À medida que vai crescendo, desenvolvendo-se cognitivamente e interagindo cada vez mais pela linguagem, a criança vai aprimorando suas habilidades argumentativas.

Isso lhe dá condições de colocar em prática operações discursivas tais como: negociar uma decisão dos pais ou uma brincadeira com um colega, justificar sua opinião, contrapor-se a uma posição etc. Ela já se deu conta de que é possível convencer o outro, modificar o posicionamento do outro em função do nosso, dependendo do que se diz e como se diz.

Embora essas habilidades argumentativas possam variar de criança para criança, dependendo das características dos grupos sociais a que pertencem, bem como do tipo de interação que se estabelece entre eles, todas são capazes de desenvolver tais habilidades em situações dialogais e são as experiências com práticas sociais de natureza argumentativa que vão torná-la mais competente nesse aspecto.

Mas essa criança que argumenta e contra-argumenta em situações espontâneas de comunicação carrega consigo e, portanto, leva para escola o seu repertório de habilidades argumentativas. Isto nos encaminha a elaborarmos as seguintes questões: O que a escola faz com essa criança que argumenta? Que atividades são oportunizadas a essa criança, no sentido de aprimorar sua capacidade argumentativa?

O leitor pode estar se perguntando do outro lado: Por que ensinar a argumentar na escola, se essa criança já demonstra tantas habilidades? Esta pergunta pode nos conduzir a múltiplas respostas, mas concentremos nossa discussão sobre dois fatores essenciais: um de natureza sociopolítica e outro no âmbito da linguagem. O primeiro refere-se à necessidade de implantarmos na escola práticas sociais que permitam aos alunos o exercício real da cidadania, que vai além da família, vivenciado em "pequenas ações" como ouvir os argumentos do outro e, a partir daí, poder refletir e se posicionar, opinar sobre o que ouviu, refutar, justificar opiniões.

E o segundo diz respeito às possibilidades de desenvolvimento das capacidades linguístico-discursivas dos alunos como resultado de um trabalho sistematizado, contemplando os vários gêneros argumentativos que circulam socialmente. De um modo geral, as crianças dominam as regras de produção dos gêneros argumentativos primários, como o diálogo, mas os gêneros de domínio público como o debate, o texto de opinião, a resenha e outros são, geralmente, estranhos ao conhecimento delas.

Não podemos negar a evolução da escola no que diz respeito às novas concepções de ensino/aprendizagem, principalmente com as contribuições das abordagens construtivistas e do sociointeracionismo, mas ela ainda se limita à transmissão de conhecimentos, às competências disciplinares, geralmente desvinculadas das práticas sociais. Atualmente, tem se discutido bastante sobre a importância da cidadania, da formação ética dos indivíduos e do pensamento crítico e, nesse sentido, o trabalho com a argumentação seria um grande aliado, mas o que podemos perceber é que esta parceria necessária ainda não se concretizou, em sua plenitude.

Para que isso aconteça, é necessário não somente que a escola reconheça capacidades argumentativas que os alunos trazem em sua bagagem cultural, mas inclua em seus propósitos educativos o aprimoramento dessas capacidades. Não nos surpreende o fato de que crianças muito pequenas já constroem bons argumentos nas mais diversas situações, no entanto é importante que elas tenham acesso a outras formas de argumentação que circulam em situações formais e esse é o papel da escola, ensiná-las a argumentar em situações formais e informais. Em situações orais ou escritas, somos impelidos, a todo momento, a manifestarmos posicionamentos, fazendo valer nosso direito, nossa razão, seja para sermos beneficiados de alguma forma, seja pelo simples fato de vencermos a opinião de outro. Argumenta-se para conseguir a adesão do outro, para obter uma autorização, para conseguir um emprego, para escapar de uma sanção, para ganhar uma eleição, para desfazer um equívoco, para confrontar conhecimentos, para estar em evidência e tantas outras razões oriundas das práticas sociais.

Tais considerações induzem à formulação de um segundo questionamento: Quando a escola irá se comprometer com o ensino da argumentação a partir dessas práticas de referência? Se, de um lado, temos um grupo de professores investindo no trabalho com a argumentação como um importante componente no ensino de língua, de outro, temos uma maioria pensando na argumentação como uma mera atividade intelectual baseada nos princípios da lógica formal e desenvolvida naturalmente nos indivíduos, que, portanto, prescinde de ensino. Por mais escandaloso que nos pareça, este mesmo grupo ainda vê a argumentação como uma afronta à ordem social da escola, aos limites preestabelecidos na formação crítica dos alunos. Os ideais de formação de cidadãos críticos parecem estar presentes somente no plano organizacional dos projetos político-pedagógicos, pois a escola, infelizmente, ainda não se aventurou a tirá-los do papel.

A sequência didática como ferramenta de ensino

Repensar a natureza didática do ensino da língua é uma necessidade cada vez mais urgente. Mais do que um investimento de métodos e tecnologias, trata-se de refletir sobre as dimensões didático-pedagógicas dessa prática, que integram tanto os dispositivos, como os procedimentos usados na transmissão de conhecimentos, articulados pelas condições e relações socialmente determinadas entre professores e aprendizes.

Nesse item procuramos evidenciar algumas questões sobre esse processo de transposição didática, que carrega, em sua complexidade, incertezas e desafios no que se refere à incorporação progressiva pelos alunos dos saberes culturalmente institucionalizados pela escola. O que sabemos, ao certo, é que os grandes eixos teóricos sobre os quais repousam, hoje, os estudos de didática da língua representam um forte impulso na busca de novas perspectivas de ensino. Mas também sabemos dos múltiplos desafios que incidem sobre essa prática, dificultando ou impossibilitando o fazer significativo em sala de aula: formação acadêmica deficitária e concepção de língua dos professores apoiada no ensino tradicional, ineficiência ou ausência de formação profissional continuada, prática escolar sedimentada na dicotomia entre teoria e prática, entre outros.

Parece-nos importante destacar a complexidade dessa relação teoria-prática, implicitamente marcada, na ação didática do professor. "A prática pela prática e o emprego de técnicas sem a devida reflexão podem reforçar a ilusão de que há uma prática sem teoria ou uma teoria desvinculada da prática" (Pimenta e Lima, 2004, p. 37). O resultado dessa concepção, ainda assumida por muitos professores, denota a necessidade de refletirmos de maneira mais aprofundada sobre novas e eficazes posturas metodológicas que se caracterizem não somente como inovações no ensino, mas também como respostas significativas à aprendizagem do aluno. Nesse sentido, há uma urgência na (re)significação das práticas didáticas pelos professores, e isso só será possível a partir da compreensão da teoria, da prática em si e da relação que se estabelece entre ambas, vislumbrando uma mudança dessa mesma prática.

Diante dessa discussão, cabe-nos perguntar: Qual o papel da sequência didática como ferramenta de ensino? A sequência didática se constitui num importante dispositivo didático para alcançar um objetivo determinado, mobilizando uma ou mais capacidades dos alunos, o planejamento sistemático de procedimentos/atividades e possíveis estratégias de intervenção na realidade observada/vivida. Mas, em que consiste o diferencial dessa proposta didática? Por mais óbvia que pareça ser, essa proposta carrega em si um arcabouço teórico-metodológico que foge de qualquer obviedade. Uma sequência didática tem validade pedagógica, sobretudo, pelo seu caráter globalizador[1] e, ao contrário das atividades isoladas, desencadeia todo um processo de ensino-aprendizagem, no qual se entrecruzam elementos sociocognitivos do ensinar e do aprender.

---

1. O termo "globalizador" está sendo utilizado aqui na perspectiva de Zabala (2002), como processo de ensino fundamentado em princípios de integração e sequenciação dos conteúdos estudados.

É preciso atentar para o fato de que uma sequência didática não corresponde a uma simples justaposição de tarefas, mas de toda uma rede de ações procedimentais, cujas atividades se apresentam articuladas de forma contínua, progressiva e diversificada. Para Sacristán (2000, p. 211), "uma sequência de tarefas, enquanto se repete, constituirá um ambiente escolar prolongado, configurará uma metodologia que, por sua regularidade, desencadeará certos efeitos permanentes".

Estas proposições são suficientemente coerentes no sentido de que nos permitem pensar sobre a necessidade de mobilizar situações de prática de ensino e de uso da língua na esfera escolar que estejam em conexão com situações reais de comunicação. Nesse sentido, os estudos sobre letramento têm contribuído de maneira considerável, pois se apresentam como um suporte teórico-metodológico capaz de redimensionar o trabalho com as práticas de linguagem na escola.

Tomando os gêneros orais argumentativos como objeto da nossa discussão, o que nos interessa, nesse momento, é formular questionamentos acerca do tratamento didático que a escola tem dado a esse fato linguístico: Como a escola tem trabalhado com os gêneros orais argumentativos que circulam em nossa sociedade? Quais as estratégias didáticas utilizadas pelos professores? As práticas escolares têm nos mostrado uma opção didática ainda voltada apenas à exploração dos aspectos ensináveis dos gêneros, tornando-os desprovidos de sua real funcionalidade, que é a comunicação. Além disso, são práticas realizadas esporadicamente, na maioria das vezes, como pretexto para ensinar outros conteúdos.

O que a escola pode e deve fazer, segundo Dolz e Schneuwly (1998), é ensinar sistematicamente. Do ponto de vista do ensino da linguagem, para estes autores, uma estratégia eficaz é a sequência didática — sequência de módulos de ensino, organizados conjuntamente para melhorar uma determinada prática de linguagem. Isto corresponde a dizer que se as especificidades dessas práticas estiverem bem articuladas, enquanto objetos ensináveis: capacidades de linguagem dos alunos e estratégias de ensino propostas pela sequência didática, estarão sendo garantidas a estes aprendizes a apropriação e reconstrução das práticas de linguagem.

Para estes autores uma sequência didática deve contemplar estratégias de ação que tornem possíveis o controle e acompanhamento das aprendizagens dos alunos através da combinação da escolha dos gêneros e das situações comunicativas a serem estudados com as capacidades de linguagem dos alunos. É preciso, inclusive, dar tempo suficiente para permitir as aprendizagens e escolher os momentos de interação entre os alunos. Trata-se, sobretudo, de definir todo o percurso da relação ensino-aprendizagem, do momento inicial, das etapas de intervenção e da avaliação dos resultados obtidos.

Didaticamente o trabalho desses pesquisadores nos oferece grande contribuição, pois o enfoque progressivo e sequencial que é dado ao ensino dos gêneros aponta outros caminhos que vão de encontro ao ensino tradicional. Propor uma sequência didática progressiva significa ter como meta principal um ensino-aprendizagem baseado na construção gradual e sistemática do conhecimento que parte de situações reais e significativas para o aluno e o professor.

Mas é preciso considerar as preocupações de Schneuwly e Dolz (2004, p. 75) em relação ao perigo da excessiva didatização que pode ser gerada no processo de ensino:

> Na sua missão de ensinar os alunos a escrever, a ler e a falar, a escola, forçosamente, sempre trabalhou com os gêneros, pois toda forma de comunicação, portanto também aquela centrada na aprendizagem, cristaliza-se em formas de linguagens específicas. A particularidade da situação escolar reside no fato de que torna a realidade bastante complexa: há um desdobramento que se opera, em que o gênero não é mais um instrumento de comunicação somente, mas ao mesmo tempo, objeto de ensino-aprendizagem [...]. No desdobramento mencionado, é produzida uma inversão em que a comunicação desaparece quase totalmente em prol da objetivação e o gênero torna-se uma pura forma linguística cujo objetivo é seu domínio.

Isto requer interpretar com cuidado a sequência didática, pois, ao mesmo tempo em que ela permite aos professores intervir junto aos alunos, percebendo as suas capacidades iniciais, elaborando estratégias adequadas para produzir novos conhecimentos e avaliando as transformações produzidas, pode também gerar um distanciamento do uso real da linguagem, quando vista só no plano da transmissão de conhecimentos.

É fundamental lembrarmos que o ensino dos gêneros orais não se esgota na utilização de recursos metodológicos, considerando que a operacionalização de uma sequência didática se dá em função de parâmetros sociais e contextuais, portanto marcada por elementos culturais e interacionais. Assim, há necessidade de serem vistos alguns aspectos imprescindíveis, como o papel social dos falantes na atividade, a finalidade da atividade, as relações entre os interlocutores (enunciador/destinatário), a função e o uso dos gêneros na sociedade. São esses parâmetros, aliados às atividades de linguagem e à gestão delas em sala de aula, que tornam a sequência didática um importante instrumento no exercício de análise e produção dos gêneros orais como práticas sociocomunicativas.

Não podemos esquecer também as dificuldades que circundam o trabalho com a oralidade. Um dos grandes desafios que a escola enfrenta no ensino dos gêneros orais é organizar um acervo de textos a serem utilizados como objeto de estudo pelos alunos, uma vez que nosso sistema de ensino não prioriza registros da oralidade. Diferente do repertório de textos escritos que os professores têm sempre em mãos, os registros de textos orais são bem mais raros, a não ser quando o próprio professor se lança no desafio de fazê-los e, dependendo da situação, ele ainda precisa vencer os obstáculos tecnológicos e/ou financeiros que envolvem uma produção dessa natureza. Isto só reforça a necessidade de mudarmos essa situação, afinal o trabalho com gêneros orais, a exemplo do debate, exige o exercício de escuta e reescuta precedendo à análise.

O quadro a seguir apresenta uma proposta geral de sequência didática progressiva, organizada nos moldes de Bräkling (2000), Schneuwly e Dolz (2004), com o propósito de trabalhar gêneros dentro da ordem tipológica argumentativa. Esta experiência foi realizada na pesquisa já mencionada em nota introdutória (1), cujo trabalho de investigação objetivou a aplicação de uma proposta de ensino/aprendizagem de gêneros orais argumentativos e contou com a participação de 32 alunos, na faixa etária entre 9-10 anos, pertencentes a uma escola da rede privada.

Esta sequência didática, como podemos perceber, prioriza três fases importantes: o estudo inicial, que se revela em um importante recurso para acionar o repertório de conhecimento dos alunos acerca dos gêneros em estudo; o estudo para aprofundamento, que se constitui em um momento importante na apropriação e produção dos gêneros e a última fase, estudo para revisão, que é responsável pela reflexão e reformulação das produções.

Como se vê nas atividades que compõem a sequência, o estudo dos três gêneros obedeceu a um ciclo comum, que ia da aquisição de informações sobre as temáticas escolhidas até a produção e/ou reelaboração do gênero, exceto o debate, que se diferenciou quanto à diversidade de temas e à forma de introduzir o estudo. Nesta etapa do trabalho as crianças já demonstravam um melhor desempenho nas habilidades argumentativas, bem como no reconhecimento dos gêneros, propiciando atividades mais aprofundadas e com temas variados. É preciso dizer que esta proposta não foi a única responsável pela maestria argumentativa dos alunos, mas foi uma ferramenta importante no desenvolvimento das suas potencialidades.

Para a escola na qual vivenciamos tal proposta foi, sem dúvida, uma experiência enriquecedora, considerando os resultados alcançados com alunos e a socialização do trabalho junto a outros professores, com os quais tivemos a oportunidade de refletir sobre o percurso e o alcance final deste projeto de ação didática.

Quadro 1
Sequência didática para o ensino de gêneros orais argumentativos

SEQUÊNCIA DIDÁTICA	GÊNEROS ESTUDADOS		
	DIÁLOGO ARGUMENTATIVO	TEXTO DE OPINIÃO	DEBATE
Estudo Inicial: levantamento das características discursivas do gênero	Oficina de Conhecimentos a partir da temática lixo: divisão da turma em grupos, utilizando textos e propostas de atividades diferenciadas para exploração do assunto; apresentações dos grupos, socializando o conhecimento adquirido a partir das atividades realizadas; produção de um diálogo entre os alunos sobre a visita feita por eles ao Lixão da cidade.	Oficina de conhecimentos: levantamento de hipóteses sobre as características do texto de opinião e discussão em torno da temática *Criança também opina*; leitura de artigos de opinião retirados da *Folhinha de S. Paulo*, confrontando as hipóteses levantadas; escuta de textos de opinião gravados pelos alunos durante o recreio da escola; análise de textos de opinião inseridos em outros gêneros tais como: entrevistas, reportagens e enquetes.	Oficina de escuta 1: observação e escuta de um debate, em vídeo, sobre tratamento de lixo (Projeto educativo da TV Escola/MEC); análise e discussão sobre os tipos de argumentos apresentados no debate; oficina de escuta 2: observação e escuta de dois debates: um acerca do desequilíbrio ecológico e desenvolvimento urbano (Programa de TV gravado/Rede Cultura) e o outro, um debate político (Programa de TV gravado); comparação dos dois debates observados quanto aos mecanismos de sustentação e refutação; caracterização e definição do gênero debate a partir das atividades vivenciadas anteriormente; estudo da tipologia do debate.

Estudo para Aprofundamento: reflexão metalinguística, formulação de conceitos e produção dos gêneros	Escuta de diálogos produzidos em sala e em outras turmas para perceber indicativos de argumentação; comparação entre o diálogo simples e o diálogo que apresenta argumentação; análise de sequências dialogais argumentativas; elaboração do conceito de diálogo argumentativo e levantamento das suas características; identificação de operadores argumentativos.	Atividade de comparação entre textos de opinião: orais e escritos; Caracterização do gênero: função comunicativa, elementos estruturais, uso social; retomada do estudo inicial da sequência, fazendo uma comparação com as características do diálogo argumentativo; produção de textos de opinião: orais e escritos, a partir de uma situação real (a reforma da escola), tendo como elementos motivadores: a planta baixa dessa reforma e o *folder* de divulgação da escola para o ano seguinte.	Preparação para o primeiro debate realizado pelos alunos: delimitação do tema, definição de papéis (moderador, debatedores e auditório) e elaboração prévia dos argumentos; realização e avaliação do debate, organizado entre os dois grupos de alunos que disputavam numa eleição, os cargos de representantes da turma; análise dos argumentos utilizados pelos participantes do debate, identificando sustentações, refutações e negociações; oficinas de conhecimentos para aprofundamento das temáticas que seriam exploradas no segundo e no terceiro debate; preparação, realização e avaliação do segundo debate: *O papel do homem entre o progresso e a preservação da natureza*, seguindo os passos do primeiro; análise das estratégias utilizadas pelo mediador; preparação, realização e avaliação do terceiro debate: *Índios: perda de identidade ou transformação cultural?*
Estudo para Revisão: análise e reelaboração das produções	Produção de diálogos argumentativos fomentados pela professora, a partir de situações vividas na escola. Ex.: O uso de bola na área de recreação; análise e reelaboração de alguns diálogos argumentativos.	Leitura na sala dos textos produzidos pelos alunos; reelaboração de alguns textos orais e escritos produzidos; publicação no *site* da escola de algumas dessas produções.	Análise final do trabalho comparando os três gêneros argumentativos trabalhados em sala de aula.

Uma experiência com sequência didática no ensino de gêneros orais argumentativos

O processo de construção dos argumentos

O processo de construção de argumentos corresponde a um momento valioso no processo de interlocução, pois representa o marco operatório na atividade argumentativa. É a partir desse momento que se desencadeia todo o processo interativo entre os interlocutores, impulsionando e gerando novos argumentos.

Consideramos a existência de pelo menos três fatores fundamentais no processo de construção da argumentação: o contexto de produção, o conhecimento que o indivíduo tem do assunto e as estratégias mediadoras ou gerenciamento da interação entre locutor e interlocutor. Vejamos, no Exemplo 1, turnos[2] 2, 7, 14, 18, 20, 22, 24 e 26, como os alunos se apoiam no conhecimento que têm para construírem seus argumentos em relação ao cotidiano das pessoas que vivem da catação de lixo, temática discutida em uma das fases da sequência didática apresentada.

Exemplo 1
Diálogo argumentativo produzido pelos alunos após a visita ao Lixão da cidade
1 – Professora: (...) Por que tem pessoas vivendo neste local?
2 – *Caio: Porque a prefeitura construiu casas, mas eles não querem a casa, porque não tem de que sobreviverem, aí no lixo* (...)

---

2. Estamos denominando "turnos" as unidades de fala de cada interlocutor.

3 – Professora: Não tem como eles sobreviverem? Como?

4 – Nelson: Tem sim!

5 – Caio: Assim, não tem dinheiro pra comprar comida, aí no lixão, eles vão juntar plástico.

6 – Professora: Complete Nelson!

7 – *Nelson: Não, porque eles, é tipo porque eles não querem, porque eles tinham cesta básica todo mês, aí parece que eles gostam de viver no lixão, pra poder não ter o que fazerem (...) parece.*

8 – Professora: E eles só precisam de casa para viver? Hein, gente?

9 – Alunos: Não!

10 – Nelson: Mas eles ganham cesta básica.

11 – Yasmin: É, mas não é todo mundo que ganha cesta básica.

12 – Nelson: Ah! Então (...)

13 – Professora: Diga, diga Victor.

14 – *Victor: Eu acho que é porque eles num querem, porque eles pegam destroem as casas, vendem os móveis e a comida eles comem, depois eles voltam pro lixão, é porque eles não querem mesmo.*

15 – Professora: Você concorda, Artur, com o que Victor está dizendo?

16 – Artur: Concordo.

17 – Professora: Você acha que eles têm casas e eles não vão morar nessas casas porque não querem?

18 – *Artur: Alguém, alguns sim, porque tem gente que tem oportunidade de trabalhar, de fazer tudo que seria bom pra vida dele, de trabalhar, de ganhar dinheiro, deixa de tá morando numa casa, com tudo, não é tudo como todos nós aqui temos de tudo, mas, pelo menos teria o básico deles, não, eles*

querem morar no Lixão, porque já moravam, já têm amigos e tudo.

19 – Professora: E vocês acham que as pessoas que moram lá, que estão vivendo lá naquele lugar é porque eles gostam lá daquele lixo?

20 – *Renato: Não, porque eles não conseguem nada na rua, aí vão pro lixão, lá (...) arranjam comida.*

21 – *Professora: E essa comida que eles arranjam é uma comida assim... saudável, é uma comida boa? E eles vivem lá só pra pegar comida? É só pra isso? Diga Marcelo.*

22 – *Marcelo: Eu acho que os avós deles, os ancestrais, as gerações antigas já moravam lá.*

23 – Professora: Será que é por isso? Você concorda Ingrid, com o que Marcelo disse?

24 – *Ingrid: Não, eu discordo, porque eles tão ali não é porque eles querem, é porque é uma necessidade que eles têm, eles tão ali pra morar, a Prefeitura deu as casas, mas eles não aceitaram por quê? Porque eles vivem ali... como eles vivem? Eles separam o lixo pra vender e eles ganham o dinheiro deles com isso e, se eles fossem pra casa que a Prefeitura deu eles não iam ter isso que eles têm agora, aí eles comem comidas estragadas, essas coisas.*

25 – Professora: E eles têm coisas boas lá no Lixão?

26 – *Mariana: Eles vivem lá porque o governo, assim... as pessoas não oferecem trabalho a eles, eles procuram, procuram aí não acham, aí vão pro lixão, eles ficam lá catando lixo, sobrevivendo, enfim das coisas que o lixo traz.*

27 – Professora: Pode falar Nelson.

28 – *Nelson: Eu queria voltar atrás, porque eu disse que era porque eles queriam, mas não é, é... eu pensei e acho que é porque eles quando vão pra lá pode ter tudo, comida, mas não têm um emprego, não ganham dinheiro, com isso só faz*

comer e ficar em casa, o dia todinho em casa, mas no lixão pelo menos, o lixo que é colocado ele vai vender nas indústrias e ganhar até um pouco de dinheiro.

29 – Fernanda: Professora, eu queria dizer uma coisa: eu acho que os catadores de lixo vivem nessa vida porque o prefeito, as autoridades não resolvem o problema, enfim não ajuda eles a saírem dessa vida. (...)

Agrupando esses posicionamentos em blocos, teremos três situações distintas: aqueles alunos que percebem e argumentam sobre as causas sociais que envolvem a vida dos catadores de lixo (2, 18, 20, 24 e 26), apresentando razões que justificam essa condição social; aqueles que não têm conhecimento desses problemas sociais e defendem a mesma ideia de que os catadores vivem ali porque querem (7, 14); e aqueles como Marcelo (22), que percebe essas causas sociais, mas apresenta-as de maneira implícita em seus argumentos.

Embora Marcelo tenha desviado seus argumentos para uma questão familiar, ele compartilha a mesma tese defendida por alguns colegas de que a opção dos catadores de viverem no Lixão não foi construída com base em decisões e escolhas individuais, mas por razões e condições de exclusão impostas pela sociedade. Na fala deste aluno, aparentemente simples, estão contidas as várias razões (falta de emprego, descaso do governo, falta de moradia) enunciadas pelos colegas, que levam várias gerações, sem nenhuma perspectiva de vida, a permanecerem anos e anos naquela condição.

O segundo bloco de alunos torna palpável como o conhecimento do assunto é condição fundamental na elaboração de argumentos. O que podemos constatar nos discursos desses alunos é uma produção argumentativa rarefeita, baseada puramente em impressões pessoais, sem dar conta de colocar em discussão os parâmetros contextuais da questão em pauta.

Partindo do pressuposto de que o processo de argumentar se fundamenta na linguagem, a significação dos argumentos não se reduz, portanto, à verdade das premissas como preconizava a retórica. Eles ganham sentido em função da situação discursiva, na qual são construídos. E nesse processo, a interação entre locutor e interlocutor se constitui num importante elemento, pois é com base na atitude do ouvinte, seja ela de acordo ou de desacordo, que o falante constrói e reconstrói seu ponto de vista.

Isto pode ser confirmado quando o aluno, no turno 28, afirma: "Eu queria voltar atrás, porque eu disse que era porque eles queriam, mas não é, é... eu pensei e acho que é porque eles quando vão pra lá pode ter tudo, comida..." Nesse momento ele faz um ajuste no foco discursivo, reformulando seu posicionamento inicial, defendido no turno 7. Nelson parece ter sido persuadido pela força argumentativa do grupo a mudar sua opinião, convencendo-se de que os catadores de lixo não vivem no Lixão simplesmente porque querem, mas pelas razões e condicionantes sociais apontados pela maioria dos seus colegas.

A intervenção feita pela professora no turno 23 — "Será que é por isso? Você concorda Ingrid, com o que Marcelo disse?" — também é outro indicativo da natureza persuasiva da argumentação. Nesse momento, a professora não percebe o valor do que está implícito no argumento de Marcelo e se utiliza de uma pergunta enfática como estratégia mediadora, direcionando-a para o objetivo desejado, que era persuadir o auditório particular (os alunos) a assumir uma posição contrária em relação ao que Marcelo havia defendido. Após a pergunta da professora, notamos que Ingrid, no turno 24, faz uso de todos os tópicos apresentados anteriormente pelos colegas, organizando-os num enunciado argumentativo lógico e pertinente e, ao que parece, satisfazendo o objetivo da professora.

Podemos ressaltar, assim, dois significativos efeitos da relação entre conhecer e argumentar: a) a construção de argumentos gerados pelo conhecimento, capazes de gerar outros e de modificar a posição do interlocutor através da persuasão ou do convencimento, como vimos no caso de Nelson (28); e b) a ausência ou insuficiência de conhecimento, que podem impedir a construção de argumentos ou gerar argumentos inconsistentes, neste caso, induzindo os alunos a apresentarem justificativas incoerentes ou parafrasearem o que já havia sido enunciado.

O turno 29 confirma esta segunda proposição, pois os argumentos usados por Fernanda já haviam sido apresentados por outros colegas. Aqui também pode estar em jogo a ausência de uma habilidade importante na atividade de argumentar: a capacidade de escuta, pois é a partir de uma boa escuta do outro que nós podemos inferir, compreender e intervir com mais qualidade.

No gênero debate, os ajustes no foco discursivo, gerados pela intervenção argumentativa do interlocutor, realizam-se de maneira um pouco diferente do que no diálogo argumentativo. Talvez pelo fato de ser relativamente planejado, oportunizando uma melhor preparação das estratégias de ataque ou de defesa, o debate permite observar que os alunos-debatedores se agarram às suas ideias com a força dos valores culturais e ideológicos que carregam em si e nem sempre chegam a um consenso ou reformulam seus argumentos, como mostra o discurso de Marcelo no Exemplo 2, turnos 34 e 36:

Exemplo 2

Debate produzido pelos alunos sobre o papel do homem entre o progresso e a preservação da natureza

30 – Artur: Eu acho que a natureza tem muito a ver com o homem, se não fosse a natureza, ele não podia existir, porque ele tem uma base puxada da natureza e se não fosse o homem também não existia progresso e a natureza seria totalmente parada. Eu acho que os dois se completam.

31 – Moderador (Nelson): Vamos ouvir Yasmin.

32 – Yasmin: Eu queria dizer que a natureza é a base do homem. O homem é... há anos vem matando os animais, permitindo com que eles entrem em extinção é :: em outro debate eu mesma perguntei como seria se não tivesse água nem plantas, aí disseram que o homem tinha tecnologia para fazer isso. Mas o homem tem tecnologia para fazer água e para distribuí-la pro mundo inteiro? Ele teria capacidade? E as pessoas pobres que não têm condições de pagar, como era que ia viver?

33 – Moderador: Marcelo, você gostaria de responder à questão de Yasmin?

34 – Marcelo: Primeiramente, a natureza só serve para produzir. O homem é que tem inteligência suficiente pra saber como

usá-la, a natureza só faz existir e o homem faz com que ela seja utilizada ((fala enfaticamente e o público ri)). O homem constrói casas, ele já aprendeu até a fazer ouro.

35 – Yasmin: Ele já aprendeu a fazer ouro ou ele retirou da natureza para modelar?

36 – Marcelo: Eu continuo dizendo que a natureza só faz existir, o homem é que caminha, que descobre, que constrói!!

37 – Moderador: É:: :: Artur, o homem... toda ação do homem com a natureza tem consequências terríveis?

38 – Artur: Eu acho, eu acho assim, tanto Yasmin falou, como Marcelo falou, tanto os homens quanto a natureza têm, nada é perfeito, eu conheço algumas pessoas que não prejudicam a natureza, mas eu também acho que... a natureza possa alguma vez vir a prejudicar o homem (...)

É importante destacarmos que o diálogo argumentativo e o debate, vistos nos Exemplos 1 e 2, apresentam, além da sustentação (turno 32) e da negociação (turno 38), uma terceira operação: a refutação, que funciona como um contra-argumento em relação à posição defendida. O turno 24 exemplifica essa refutação.

Estes conflitos de posicionamentos entre os interlocutores, que parecem se constituírem em entraves para o debate, na verdade, funcionam como impulsionadores da produção dos discursos argumentativos. O aluno sabe que no debate a força persuasiva de seus argumentos tem muito valor. Por isso, a cada retomada ou contraposição à sua opinião, ele investe mais em novas estratégias argumentativas, buscando fazer valer seu ponto de vista. Como se pode observar no turno 36, Marcelo reafirma sua tese usando uma expressão bem decidida: "Eu continuo dizendo", quando interpelado por Yasmin no turno anterior à fala dele.

No texto de opinião, ao contrário dos gêneros orais face-a-face, como o diálogo argumentativo e o debate, esse confronto de opiniões se caracteriza por uma construção monologizada, não há alternância de posicionamentos dos interlocutores, impossibilitando assim que haja, pelo menos de imediato, uma contraposição, bem como a reconstrução do próprio discurso. Pelo caráter de sua produção, esse gênero exige dos interlocutores operações linguísticas mais complexas, como a antecipação da posição do destinatário, a capacidade de reconhecimento do ponto de vista do outro e a organização dos argumentos de maneira a garantir a significação do discurso. Vejamos no Exemplo 3 como os alunos construíram seus discursos argumentativos.

Exemplo 3

Texto de opinião 1: Produzido antes da reforma da escola

Eu acho que a escola vai ficar muito boa... porque vai ter locadora e a gente vai poder assistir mais filmes: : vai ter a praça pra gente conversar... porque assim, quem não gosta de futebol no recreio pode ir pra praça e as salas vão ficar mais amplas... (Nelson)

Texto de opinião 2: Produzido após a reforma da escola

A escola melhorou em muitos aspectos. Um deles são as novas aulas que ela oferece: judô, teatro, Yázigi e outras. Ela também teve maus aspectos. Um deles é a cor da farda, que eu achei que com elas a gente parece uns palhaços de circo. Outra coisa que eu achei péssimo foi o tamanho da quadra, não dá pra jogar basquete. Mas, fora isso, a escola está ótima. (Marcelo)

No Texto de opinião 1, o aluno construiu seus argumentos considerando a situação de produção e o interlocutor presumido. Ele está defendendo a posição de que a escola vai ficar muito boa após a reforma e apresentando dados para sustentar essa posição que possam convencer o interlocutor (público que tiver acesso ao *site* da escola). Portanto, esse diálogo com o interlocutor, embora de forma indireta, é responsável pela produção argumentativa.

Além da operação de sustentação analisada no texto anterior, também pode estar contida no texto de opinião a operação de negociação. O que observamos no Texto de opinião 2 é que há uma tentativa de negociação com o interlocutor. O aluno constrói sua argumentação, tentando conciliar alguns pontos de divergências "A escola melhorou nisso... Ela também teve maus aspectos", ou seja, há uma atitude de acordo e outra de desacordo sendo negociadas com o interlocutor. Não podemos deixar de ver que a operação de sustentação também está presente nesse texto, pois o aluno apresenta uma série de argumentos para assegurar seu posicionamento. No texto de opinião, como os interlocutores não estão frente a frente, a operação de refutar se dá de uma outra forma, através das relações dialógicas que permeiam os discursos.

Tentamos mostrar que a construção dos argumentos, seja no diálogo argumentativo, no debate ou no texto de opinião, dá-se a partir de uma questão tematizada que gera a defesa de um posicionamento, seguida de argumentos que possam convencer o interlocutor. A diferença está na forma de organização textual, na articulação dos enunciados, na interação entre os interlocutores e nas operações argumentativas.

Passaremos, agora, a discutir sobre os tipos de argumentos construídos pelos alunos.

Tipos de argumentos construídos pelos alunos

O que caracteriza uma intervenção argumentativa (argumento + posicionamento) é a presença de um argumento em relação a uma determinada questão, ou seja, o posicionamento do locutor de acordo ou em desacordo em relação ao que foi dito pelo interlocutor e a maneira como se articulam argumento e posicionamento para sustentar a tese apresentada, recorrendo às leis (naturais, sociais, lógicas, jurídicas etc.), à experiência, aos fatos, à casualidade etc. Através do trabalho realizado com diferentes gêneros argumentativos, pudemos perceber os tipos de argumentos mais usados pelas crianças e de que forma eles aparecem em cada gênero produzido.

A. Argumento baseado na autoridade

No argumento de autoridade, os recursos invocados para serem usados como prova argumentativa são muito variáveis e podem estar representados por parecer unânime de determinado grupo ou por certas categorias sociais, tais como cientistas, filósofos, profetas, linguistas. Outras vezes, essa autoridade pode ser impessoal (a bíblia, a gramática, a doutrina), ou pessoal, neste caso, particularizada pelo nome a quem se recorre (a Deus, a Aristóteles, a Freud, a Saussure...).

Esse tipo de argumento representa, de certa forma, uma maneira abusiva de se impor. Por esta razão, foi bastante criticado pela Nova Retórica e pelos estudos da Linguística Pragmática, que não descartam a sua importância, mas defendem a ideia de que todo argumento carrega em si outros argumentos e pode ser refutado.

Para Ducrot (1987, p. 139-140), um argumento de autoridade se caracteriza pelo uso de uma proposição P a partir de duas condições: "1. indica-se que P já foi, é atualmente, ou poderia ser objeto de uma asserção; 2. apresenta-se este fato como se valorizasse a proposição P, como se a reforçasse, como se lhe ajuntasse um peso particular". A partir dessa caracterização são enunciadas duas formas de argumentação por autoridade: *autoridade polifônica* e *arrazoado por autoridade*. A primeira reafirma a tese, já discutida no capítulo 1, de que argumentação "está inscrita na própria língua", isto significa dizer que as próprias frases que falamos são argumentativas, uma vez que estão carregadas de intenções destinadas a um ou mais interlocutores. Essa autoridade polifônica se expressa em duas etapas: uma que consiste na inserção, pelo locutor, de uma outra voz em seu discurso; e outra que se realiza discursivamente através da relação entre duas proposições que encaminha o locutor a considerar a primeira proposição para assegurar e justificar a segunda, por exemplo: "Parece que vai fazer bom tempo: nós deveríamos sair".

A segunda forma de argumentação — *arrazoado por autoridade* — corresponde a um encadeamento discursivo, em que uma afirmação, geralmente validada em determinada esfera social, é utilizada como prova argumentativa pelo locutor, procurando também tornar válida a sua argumentação.

Vejamos no Exemplo 4, a seguir, como o aluno recorre à lei para apresentar alegações do seu interesse.

Exemplo 4

Moderador: Agora, com a palavra Nelson, candidato a presidente de sala.

Nelson: É:: a gente vai tentar liberar a quadra na hora do intervalo, pois tem nos Direitos da Criança que toda criança tem direito a esportes (...) vamos entrevistar os coordenadores para pressioná-los para liberar a quadra e não ter treinos apenas por um dia. Todos os problemas vão ser resolvidos através do voto, nós vamos ter jornal mensal e a caixa de opiniões (...)

Neste caso, o aluno está fazendo uma intervenção argumentativa baseada numa autoridade institucional — O Estatuto da Criança e do Adolescente –, de modo que possa corroborar seu ponto de vista. Analisando este exemplo na perspectiva enunciativa de Ducrot (1987), podemos dizer que ele representa bem "o mecanismo discursivo da argumentação por autoridade", o aluno insere em seu discurso uma voz que não é exatamente a sua, mas lhe confere autoridade de uso, dando força aos seus argumentos.

B. Argumento baseado no consenso

Este argumento se reveste de um caráter essencialmente ideológico. Por isso, o que assegura sua veracidade e consistência são a propagação e preservação pelo grupo social no qual ele foi gerado. Isto significa dizer que quanto mais forte for a reprodução ideológica de um fato por um grupo social, maior a probabilidade de o locutor, ao utilizá-lo como argumento, conseguir a adesão do interlocutor. Vejamos como isto se confirma no exemplo 5, a seguir:

Exemplo 5

Nelson: Eu quero dizer duas coisas que eu discordo, primeiro que esse negócio de moda só serve pra menina, e também esse negócio de aluno nota 10 nem todo mundo vai querer.

No Exemplo 5, quando o aluno argumenta que "esse negócio de moda só serve pra menina", ele está fundamentado num fato consensual, uma vez que culturalmente se estabeleceu que moda, casa, cozinha, beleza são assuntos e atribuições femininas. Por estar inserido neste contexto cultural, Nelson está reproduzindo um modelo ideológico e utilizando-o como argumento para convencer os interlocutores de que a sua contestação tem sentido. A validade desse fato, concordemos ou não, está assegurada pela sua veiculação na sociedade e pela legitimidade que esta mesma sociedade lhe confere. Assim, podemos dizer que um argumento baseado no consenso busca sua garantia de persuasão em informações ou fatos consensuais que transmitem veracidade ao que está sendo dito.

C. Argumento baseado em provas concretas

Com esse tipo de argumento, recorre-se às experiências vividas ou a fatos comprobatórios (estatísticas, dados históricos, fotografias etc.) que possam consolidar as justificativas apresentadas. Percebe-se, inclusive, que esse tipo de construção argumentativa baseada em exemplos é bastante utilizado pelos alunos e pelas pessoas, de uma maneira geral, como comprova o Exemplo 6, a seguir:

Exemplo 6
Rodrigo: É:: eu vou começar falando sobre os índios. Eles lutaram muito e continuam lutando pelos seus direitos, até que hoje eles podem desenvolver sua cultura em diversos lugares, eu li numa reportagem que alguns índios em São Paulo estão escondendo sua origem, eles estão tendo que se disfarçar de negros, de nordestinos para conseguir emprego.

Podemos observar neste exemplo como o aluno lançou mão de uma reportagem lida no jornal para comprovar seu posicionamento. Rodrigo se apoia na credibilidade que se costuma atribuir a uma reportagem, como informação veiculada através dos meios de comunicação, para sustentar sua tese de que os índios lutam para manter sua cultura.

D. Argumento baseado no raciocínio lógico

Na perspectiva da Retórica, a argumentação se apoia em duas formas de raciocínio: a dedução, em que o discurso vai do geral para o particular, e a indução, que faz o percurso inverso, do particular para o geral. Seja qual for a direção desse movimento, o objetivo é sempre a defesa de um ponto de vista, procurando fazer com que o outro mude de opinião.

Não queremos que "raciocínio lógico" aqui seja confundido com o modelo de lógica formal que limita e universaliza uma forma de raciocínio argumentativo. Estamos discutindo a consistência e o encadeamento do raciocínio como um dos elementos importantes na argumentação. No entanto, não podemos descartar a relação existente entre pensamento e linguagem e, nesse sentido, algumas contribuições da retórica, tais como o movimento que vai dos dados à conclusão e vice-versa, ainda são válidas.

Vejamos no Exemplo 7, a seguir, um argumento baseado no raciocínio lógico:

Exemplo 7

Marcelo: A gente vai tentar que todo mundo tenha direitos iguais, acabar com aquele negócio de Clube do Bolinha e da Luluzinha. A gente vai fazer todo mundo se sentir igual, independente de ser menino ou menina.

O discurso do aluno, ilustrado neste exemplo, apresenta características de uma argumentação dedutiva, fazendo uso das relações de causa e efeito. Marcelo tenta persuadir eficazmente o grupo a votar nele, utilizando uma estratégia lógica: acabando com o Clube do Bolinha e da Luluzinha, teremos direitos iguais. Trata-se de uma dedução pelo raciocínio, a partir do indício de que a divisão de meninos e meninas estaria impossibilitando a igualdade de direitos.

Evidências linguístico-discursivas: marcas da argumentação no oral e no escrito

Em oposição à concepção dicotômica de que a oralidade se opõe à escrita, defendemos a ideia de que a argumentação, seja ela oral ou escrita, apresenta suas peculiaridades.

As semelhanças ou diferenças entre o texto de opinião oral e o escrito não são determinadas por aspectos estruturais da língua, mas pelas condições de produção associadas aos meios linguísticos e discursivos destas duas modalidades da língua. Outro aspecto que deve ser levado em conta nesta relação oralidade-escrita é que a eficiência na elaboração de textos argumentativos depende tanto do conhecimento de estratégias argumentativas como do domínio das regularidades linguísticas que regem a produção textual oral e escrita.

Os textos 8a e 8b, a serem analisados, têm em comum o fato de terem sido produzidos a partir do mesmo tópico discursivo: a reforma da estrutura física da escola, mas o encadeamento argumentativo se dá de maneira diferente, como se vê a seguir.

Exemplo 8

Texto oral (8a): A escola vai ficar muito interessante... O tamanho da quadra é:: :: eu achei muito bom... porque a gente tem mais espaço para brincar... vai ficar melhor a posição e não interfere na Praça de Alimentação... a gente vai ficar mais à vontade pra brincar. (Mariana)

Texto escrito (8b): Hoje, eu estou vendo o colégio RC bem mais atualizado, moderno. Acho que melhorou tanto na infraestrutura como no ensino, pois, agora nós temos mais conforto para aprender e a quadra vai ficar mais interessante, isto significa mais comodidade. (Mariana)

No Texto oral 8a, o encadeamento argumentativo se dá por justaposição, exemplificado pela enumeração dos argumentos — "(...) mais espaço para brincar, melhor a posição (...)" — enquanto que, no texto escrito 8b, verifica-se um encadeamento por conexão,[3] marcado pelos elementos coesivos: *pois* e *isto*.

Na primeira situação (8a), que talvez pareça não ter coesão, o texto está apoiado em elementos extralinguísticos: presença do interlocutor, situação informal de produção e conhecimento partilhado do tema que atuam juntos, no sentido de possibilitar ao ouvinte/leitor a construção ou reconstrução do sentido do texto, sem que haja necessidade de recorrer a todos os recursos gramaticais da língua padrão.

Pode-se perceber também, pela escolha que os alunos fazem dos operadores que auxiliam esse encadeamento — *porque* para o texto falado e *pois* para o texto escrito —, que eles têm conhecimento dos registros linguísticos em gêneros textuais apresentados nas modalidades orais e escritas. Vale ressaltar que não é a modalidade que determina este uso, mas as condições de produção, e são estas condições de produção que norteiam o aluno para usar este ou aquele tipo de expressão da língua.

Embora estes marcadores sejam vistos como elementos de diferenciação, o uso do *pois* na escrita e o uso do *porque* na oralidade se caracteriza como um ponto de intersecção entre estas modalidades, quando se trata de introduzir uma justificativa. Podemos confirmar isto nos Exemplos 8a e 9, a seguir:

Exemplo 9

Texto escrito: O [...] ((omitido o nome do evento)) foi muito bom, porque cantamos músicas religiosas, oramos, aprende-

---

[3]. Para ampliar o conhecimento acerca de encadeamentos por justaposição e por conexão, ver Koch (2000), que serviu de base para esse trabalho.

mos o verdadeiro significado da vida. Além disso, nos divertimos: tomamos banho de piscina e jogamos bola. (Nelson)

Tanto no Texto oral 8a como no texto escrito (Exemplo 9), o *porque* foi utilizado como operador argumentativo, responsável pelo encadeamento entre os enunciados; e as implicações desse uso são, muito mais, de natureza discursiva do que estilística. Isto quer dizer que, num texto argumentativo, estes operadores não servem apenas como elementos coesivos, eles assumem uma força argumentativa, definindo assim a significação do enunciado. E os alunos, embora não tenham consciência disso, portam-se como usuários competentes da língua, utilizando esses recursos argumentativos de acordo com suas finalidades discursivas, que podem estar dirigidas para o oral ou para o escrito.

A coerência foi outro aspecto analisado nos textos orais e escritos. Sabemos que ela se estabelece a partir da interação entre interlocutores, mediatizada por fatores de ordem cognitiva, situacional, sociocultural e interacional. Assim, não é o fato de o texto ser oral ou escrito que determina a sua maior ou menor coerência, mas a articulação entre fatores linguísticos e condições de produção. Em relação à argumentação, podemos dizer que é a adequação entre os argumentos e a posição defendida pelo locutor, bem como a situação de enunciação que podem possibilitar a construção da coerência argumentativa. Nos Textos 10a e 10b, podemos verificar como essa coerência se estabelece.

Exemplo 10

Texto oral (10 a): Eu penso que a escola vai ficar muito boa... porque as salas ficarão mais amplas... Haverá mais local pra conversar e:: a quadra também vai ficar mais interessante... Enfim... várias coisas vão melhorar. (Yasmin)

Texto escrito (10 b): Eu acho que a escola evoluiu muito depois dos novos trabalhos que foram oferecidos através da torre de serviços. A escola se deu bem e deu novas oportunidades aos alunos. O novo FAST-FOOD tem novas variedades alimentícias, a nova decoração e as cores da escola ajudaram a chamar mais atenção. Enfim, o espaço físico e os serviços da escola melhoraram bastante. (Yasmin)

Como foi possível observar, o fator comum entre os dois textos é a forma como os argumentos se articulam com a conclusão. Inicialmente há a apresentação de uma premissa ("Eu penso que a escola vai ficar muito boa"; "Eu acho que a escola evoluiu muito depois dos novos trabalhos que foram oferecidos pela torre de serviços"), em seguida vêm os argumentos que sustentam o que foi apresentado, orientando para uma conclusão ("Enfim... várias coisas vão melhorar"; "Enfim, o espaço físico e os serviços da escola melhoraram bastante"). Os dados revelam o conhecimento que os alunos têm, ainda que muitas vezes intuitivamente, de como se organiza uma sequência argumentativa, isso faz com que se torne possível a coerência no texto.

Evidências de progressão no domínio dos gêneros argumentativos

Progressão intragênero

As estratégias de ensino propostas pela sequência didática visavam a garantir situações de ensino/aprendizagem dos gêneros orais argumentativos. Assim, pudemos perceber avanços em relação ao domínio de cada gênero, considerando as etapas de estudo realizadas. A este processo evolutivo de aprendizagem estamos chamando de progressão intragênero. Os exemplos seguintes explorados neste tópico ilustram algumas dessas situações de aprendizagem.

Os textos do Exemplo 11, a seguir, foram produzidos nas seguintes condições: o 11a foi produzido em outubro de 2001, quando a reforma da escola estava sendo iniciada. Os alunos analisaram a planta baixa desta reforma, exposta no pátio da escola, e publicaram no *site* da escola sua opinião sobre as propostas de mudança no espaço físico e sobre outros serviços divulgados através de *folder*. O 11b foi produzido ao final do trabalho de reforma e, nesta situação de produção, a destinatária era a diretora da escola, o objetivo é que ela soubesse o que os alunos estavam pensando sobre as mudanças ocorridas. Vejamos os textos:

> **Exemplo 11**
> **Gênero: texto de opinião**
> **Produção (11 a)**: Eu acho que a escola vai ficar muito boa e/ porque aqui vai ficar com locadora e a gente pode assistir filme, vai ter a praça pra gente conversar e as salas vão ficar mais amplas. (Júlia)
>
> **Produção (11 b)**: Na minha opinião esta reforma beneficiou muito o ensino e a qualidade do colégio, pois agora nós aprendemos mais um pouquinho de tudo e com mais... conforto e segurança... Quanto à farda, achei muito diferente e legal, a nossa escola é a única que tem a farda que se destaca e se diferencia das tantas outras variedades de fardas de todos os colégios de Campina Grande. (Júlia)

Comparando-se os Textos 11a e 11b, percebemos uma evolução significativa do ponto de vista da argumentação: a primeira produção apresenta justificativas muito simples: "Eu acho que a escola vai ficar muito boa", pautadas em elementos concretos, visíveis (locadora, praça, salas), enquanto que a segunda traz justificativas mais elaboradas: "... esta reforma beneficiou muito o ensino e a qualidade do colégio...", construídas com base em inferências e analogias.

A marca de inferência na produção 11b de Júlia pode ser observada quando ela atribui conforto e segurança à qualidade de ensino; a marca de analogia pode ser observada no trecho em que a aluna analisa a farda de seu colégio em relação às das outras escolas da cidade. Há que se considerar que, neste contexto de produção, os alunos já tinham avançado mais no conhecimento da língua. Algumas das evidências desse avanço são a escolha lexical ("beneficiou", "destaca", "diferencia", "variedades") e a estrutura coerente do texto, com tópicos e subtópicos articulados do início ao fim.

Um outro indicativo de progressão intragênero pode ser visto no gênero *debate*, a seguir. Deter-nos-emos na análise de três aspectos: a postura do moderador, o funcionamento das regras do debate e o movimento das operações argumentativas.

Exemplo 12
Debate 1
30 – Moderador (Artur): Estamos aqui para o debate entre o partido PJ e o partido PD. No partido PJ temos os candidatos a presidente de esportes Nelson, e para presidente de sala Marcelo. Quais são as propostas que vocês têm pra melhorar

nossa sala e o esporte da nossa escola? Com a palavra o representante Marcelo.

32 – Moderador: Agora, com a palavra Nelson, candidato a presidente de sala.

35 – Moderador: Agora, a gente vai dar uma saidinha do partido PJ e vamos pro partido PD com a candidata a presidente de sala Yasmin.

38 – Moderador: Agora, a palavra é de Nayara, que parece estar discordando de Nelson ((a aluna balança a cabeça, discordando por gestos)).

40- Moderador: Parece que Yasmin também está discordando, não é? ((a aluna levanta o dedo e balança, dando a ideia de negação)).

Nesse debate, o primeiro realizado em sala de aula, o moderador assume uma postura de indicador de falas, gerenciando apenas as trocas de turnos. Todas as suas intervenções são realizadas no sentido de direcionar a fala dos debatedores. Porém, não apresenta nenhuma proposição argumentável que possa gerar divergência entre eles. Não podemos desconsiderar o fato de que este foi o primeiro debate produzido pelo grupo. Portanto, o fato de o moderador demonstrar habilidade para abrir o debate e organizar as trocas de turnos já é uma resposta significativa de aprendizagem. As habilidades necessárias ao gerenciamento das discussões foram se aprimorando à medida que nos aprofundávamos no estudo do gênero. O Exemplo 13 confirma isto:

Exemplo 13

Debate 2

42 – Moderador (Nelson): Agora nós vamos iniciar o debate com os alunos da 5ª série A sobre a questão ambiental: o

progresso *versus* natureza. Esse é Marcelo, representando o progresso. Essa é Yasmin e ela vai defender a natureza e esse é Artur que defenderá o progresso e a natureza, ao mesmo tempo. Então, vamos passar a palavra para Artur.

44 – Moderador: Vamos ouvir Yasmin.

46 – Moderador: Agora, Marcelo vai falar. Você gostaria de responder a questão de Yasmin?

49 – Moderador: Agora, Artur vai falar... certo?

51 – Moderador: Alguém quer falar?

55 – Moderador: Yasmin?

59 – Moderador: Artur agora quer falar alguma coisa.

63 – Moderador: Vá ((mediador se dirige a Yasmin)).

68 – Moderador: Yasmin, você tem algo para defender sobre o que foi dito pelo colega?

70 – Moderador: Agora, vamos reiniciar as perguntas com Fernanda.

77 – Moderador: Agora outra pergunta.

81 – Moderador: Rafael, qual a sua pergunta?

83 – Moderador: Agora/ terminamos o debate das 5as séries... cujo assunto era o homem entre a natureza e o progresso ((palmas do público)).

Podemos observar que a postura do moderador não é a mesma do primeiro debate. Além de gerenciar as trocas de turnos, ele busca inserir em suas ações estratégias de articulação entre as ideias defendidas pelos debatedores, como mostra esta fala: "Yasmin, você tem algo para defender sobre o que foi dito pelo colega?".

Nos turnos 68 e 70, o moderador tenta ser um articulador no debate, embora ele ainda não consiga planejar bem suas ações no sentido de fomentar um aprofundamento da discussão. A pergunta lançada a Yasmin indica uma intenção de abrir a discussão e, ao se dirigir a Fernanda, ele relança a questão para o auditório. Mas a sua ação não vai além disso. Nesse momento, o moderador ainda não tem uma visão de longo alcance que consiga perceber o que a sua atuação pode gerar entre os debatedores.

Analisando as intervenções feitas pelo moderador no Debate 3, a seguir, encontraremos um elemento diferenciador em relação aos anteriores — é que ele assume a função de articulador entre os debatedores, como veremos neste exemplo:

Exemplo 14

Debate 3

84 – Moderador: Estamos aqui no debate da 5ª série A sobre... o tema é :: se os índios evoluíram ou não na sociedade brasileira. Esse é Marcelo, esse é Rodrigo, esse é Artur e essa é Yasmin.

86 – Moderador: Agora, vamos ouvir MARCELO.

88 – Moderador: Yasmin, você acha que os índios brasileiros evoluíram ou não?

90 – Moderador: Artur, você acha que o homem branco está induzindo cada vez mais o índio a se vestir como ele?

93 – Moderador: Agora, nós vamos começar com a participação do público, é... Nayara.

96 – Moderador: Eu quero fazer uma pergunta pra todos: Vocês acham importante o índio evoluir junto do homem?

98 – Moderador: Mas você tá dizendo... tá dizendo que eles necessitam mudar sem mudar seus costumes?

100 – Moderador: Continuando as perguntas, Yago.

106 – Moderador: Agora uma pergunta de Fer-nan-da.
111 – Moderador: Júlia, mais uma pergunta.
117 – Moderador: E nesse aspecto o homem não cresceu, né?
119 – Moderador: Bom... Se não tem mais nenhuma questão pra ser levantada, vamos encerrar o debate sobre o índio, concluindo que em:: alguns aspectos ele é, há muito tempo, muito mais evoluído do que o branco.

Neste terceiro debate, o moderador não apenas organiza as trocas de turnos, mas impulsiona etapas de conflitos dialogais, imprescindíveis no debate. Os efeitos dessa ação movimentaram a construção de argumentos e contra-argumentos pelos interlocutores. Dentre os vários efeitos, os que pareceram mais relevantes foram aqueles que conseguiram provocar polêmica ou desacordo entre os debatedores, desencadeando uma maior discussão do assunto. Como observamos nos turnos 88, 90, 96 e 98 deste exemplo, são perguntas persuasivas que levam os interlocutores a apresentarem justificativas.

Do ponto de vista das regras do debate, também percebemos uma progressão. A forma como o moderador abre, fecha e gerencia a troca de turnos no Debate 1 não é a mesma dos Debates 2 e 3. No Debate 1, o moderador abre, mas não fecha o debate e a sua mediação, como já foi abordado, não produz um efeito de dinamicidade. Nos dois últimos debates, ao contrário desse exemplo, há um aprimoramento nos enunciados 42, 70, 83, 84, 93 e 119, indicando avanços na internalização dessas regras: apresentação do tema e dos debatedores, fechamento da discussão, dando uma ideia conclusiva e gerenciamento da discussão. No Debate 3, além da fluidez do discurso argumentativo, também podem ser observados avanços nas questões linguísticas, há uma escolha lexical adequada e coerentemente enunciada pelo moderador.

O movimento de refutação, operação essencial no debate, também sofreu alterações resultantes do aprimoramento das capacidades linguísticas e argumentativas dos alunos. O que se vê no Exemplo 15, a seguir, é uma amostra do tipo de refutação que os alunos faziam no primeiro debate:

> **Exemplo 15**
>
> Nelson: Eu quero dizer duas coisas que eu discordo, primeiro que esse negócio de moda só serve pra menina, e também esse negócio de aluno nota 10 nem todo mundo vai querer.
>
> Nayara: É o seguinte... alguns podem não querer, mas a gente tá, tá fazendo isso pra que os alunos se empenhem mais nos estudos.
>
> Yasmin: Como ele falou da moda, vai ter uma página indicada também pros meninos, por exemplo: Dragon Ball Z. Então, nós vamos estar dando direitos a MENINOS E MENINAS.

Destacamos, neste exemplo, que o movimento de refutação não é representativo em quantidade, nem em qualidade. A discordância dos três alunos gira em torno de apenas uma questão (o conteúdo da revista que eles estavam organizando) e os contra-argumentos não apresentam força persuasiva, pois eles exprimem desacordo, mas não justificam de maneira contundente cada posicionamento enunciado. Os contra-argumentos de Nelson e Yasmin apontam para uma defesa pessoal de ponto de vista que, em nada, garante o convencimento um do outro.

Outro aspecto que, a nosso ver, pode ser destacado nestas intervenções é a modalização, mecanismo da linguagem que tem o papel de avaliar ou comentar alguns elementos do conteúdo temático do enunciado (cf. Bronckart, 1999, p. 330). Entre os mecanismos enunciativos está o uso de palavras ou expressões, geralmente verbos, advérbios ou locuções adverbiais, como: *talvez, possivelmente, provavelmente, certamente, é facultativo, necessariamente, infelizmente*, entre outros.

No debate, um dos indicativos de modalização é a forma como se atenua o ataque verbal dirigido ao interlocutor. A expressão "alguns podem não querer", presente na intervenção de Nayara, revela-se como um exemplo de modalização. A aluna em destaque considera possível a proposição enunciada por Nelson "nem todo mundo vai querer", mas aposta na possibilidade de alguns alunos se interessarem pela proposta do seu partido.

Nos debates seguintes, o movimento de refutação se amplia, os alunos já manifestam linguisticamente seus argumentos contrários. Vejamos como isto se concretiza no Exemplo 16:

Exemplo 16
Artur: Eu acho totalmente comum. Os índios têm direito como os homens também têm. Se os homens têm aquele negócio... a moda... a gente tem que se modernizar, o computador tá na moda, o celular tá na moda. Por que os índios também não podem entrar nessa moda?
Nayara: Sim, Artur, mas me diga uma coisa... os índios já evoluíram dessa forma?
Artur: É : : como já foi dito, muitos negam sua origem pra viver como os brancos, então eu acho que eles devem ter os mesmos direitos.

Num movimento interativo, Nayara recorre à indagação para se opor e, ao mesmo tempo, conflitar o colega que, por sua vez, reafirma seu ponto de vista, com base no argumento anteriormente enunciado por Artur: *É como já foi dito, muitos negam sua origem pra viver com os brancos.* Vemos que os alunos já adquiriram uma certa maturidade para reconhecer e selecionar adequadamente o tópico discursivo. A capacidade de retomar o que foi abordado também é um fato observado, pois, quando Artur retomou o argumento para apoiar sua opinião, ele pôs em prática duas habilidades importantes no debate: a de escuta e análise e a de estabelecer relações entre as falas. Outros recursos mais elaborados são utilizados pelos alunos na elaboração de argumentos contrários, conforme o exemplo 17.

Exemplo 17

Yasmin: Como Júlia diz, os índios estão vindo para a cidade, porque estão invadindo o lugar deles e eles não têm como viver lá, os homens estão destruindo a floresta, poluindo os rios, matando os animais e os índios ficam sem ter como sobreviverem lá e... Artur disse que os índios vêm porque eles querem... e o motivo não é bem esse. Hoje, na reportagem que passou dos Xavantes, eles também comentaram que os brancos estão invadindo e em outro programa passou, se não me engano// os pataxó, uma parte deles que ainda sobreviveram disseram que estão vindo para a cidade porque não estão conseguindo viver lá.

Artur: Invadem, com certeza eles invadem, mas :: mas :: muitos homens já estão cuidando da natureza, deixando de caçar crocodilos e outros.

Yasmin: Mas ninguém come crocodilo! ((risos do público)).

Como uma das condições para a refutação, a capacidade de escuta e análise assume um papel importante na construção do debate. Neste exemplo, vimos que o discurso argumentativo de Yasmin se conduziu pelos argumentos já enunciados pelos colegas e pelo acréscimo de outros, construídos a partir do seu próprio conhecimento sobre o assunto. Essa articulação discursiva evidencia avanços, uma vez que houve identificação das posições defendidas, identificação dos argumentos utilizados e reconstituição de raciocínio.

Sem modificar sua posição inicial, mas apresentando concessão ("Invadem, com certeza eles invadem..."), através de um discurso modalizado ("com certeza"), Artur coloca-se na posição de enfrentamento à oposição de Yasmin, trazendo um outro argumento contrário ("mas:: mas:: muitos homens já estão cuidando da natureza") que incita uma outra resposta de Yasmin, dessa vez, de forma debochada, mas deixando claro que não ficou convencida com os argumentos dele. Faz-se necessário destacar ainda, nos exemplos 16 e 17, a oposição que alguns alunos fazem entre homens e índios, como se estes não fossem homens. Esta distinção, aparentemente simples, utilizada por esses alunos para caracterizar as ações do homem branco e do índio carrega em si as marcas do nosso etnocentrismo cultural, que coloca o índio à margem do que seja humano e social.

Os exemplos explorados aqui mostraram indicativos de progressão tanto no domínio de estratégias argumentativas, como de construção dos gêneros. Foi possível perceber também que a inter-relação entre os gêneros favoreceu a apropriação de conhecimentos comuns à tipologia argumentativa. Este fato, que estamos denominando de progressão intergênero, será discutido em seguida.

Progressão intergênero

Os gêneros trabalhados nesta sequência didática, agrupados na esfera da argumentação, ilustraram uma proposta de progressão na tentativa de gerar instrumentos mais eficazes para a aprendizagem dos alunos. Este modelo didático propiciou através de relações intertextuais a apropriação e a progressão de conhecimentos sobre esses gêneros.

Diante da impossibilidade de explorar todos os aspectos envolvidos nessa progressão, foi necessário fazermos um recorte. Pautaremos nossa discussão no uso dos operadores argumentativos pela importância fundamental que eles têm no processo de argumentar: direcionar e articular os argumentos, pois entendemos que eles funcionam como indicativos da capacidade argumentativa dos alunos, resultante do processo de ensino dos gêneros.

Com o intuito de exemplificar comparativamente o uso desses operadores no diálogo argumentativo, no texto de opinião e no debate, optamos pela linguagem quantitativa dos gráficos, que mostram os operadores mais usados pelos alunos ao produzirem esses gêneros em diferentes situações e o percentual de ocorrência de cada um. O Gráfico 1 demonstra o uso dos operadores no diálogo argumentativo.

O Gráfico 1 mostra os operadores argumentativos usados pelos alunos ao produzirem diálogos argumentativos. O *porque*, operador de coordenação que articula tese e argumentos, é o protagonista, com 79%. Esse percentual nos

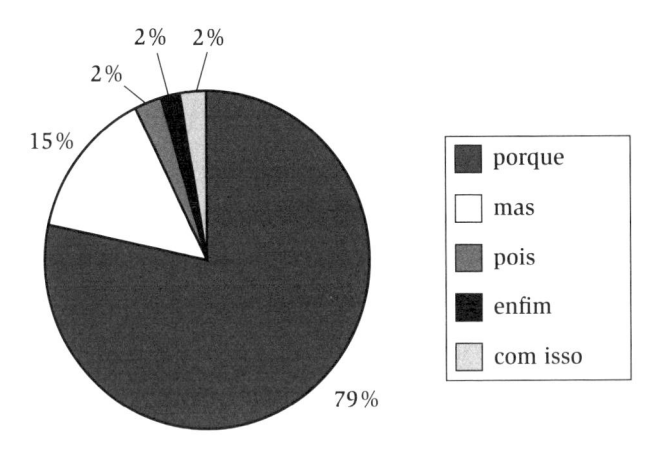

Gráfico 1
Uso de operadores argumentativos no diálogo argumentativo

- porque: 79%
- mas: 15%
- pois: 2%
- enfim: 2%
- com isso: 2%

leva a confirmar a proposição de que as justificativas elaboradas pelos alunos são, quase sempre, introduzidas por este operador. Para esse resultado, as atividades realizadas no Estudo para Revisão, uma das etapas da sequência didática, tiveram grande importância, uma vez que orientavam os alunos a diversificarem os tipos de justificativas, ampliando as possibilidades de uso de outros operadores.

O uso do *mas* — operador que contrapõe argumentos —, em apenas 15% do total de ocorrências, mostra uma frequência mínima da refutação, explicada pelo fato de os alunos não apresentarem ainda o domínio dessa operação de linguagem. Os operadores conclusivos (*enfim, com isso*), com um percentual comum de 2%, também evidenciam uma insuficiência no uso de recursos linguísticos importantes na articulação entre os argumentos.

Um outro operador que também tem uma frequência mínima é o *pois*: o percentual de 2% evidencia uma característica das justificativas orais que dão prioridade ao uso do *porque*. Esta característica está, obviamente, relacionada às formas de manifestação da língua na modalidade oral.

Tomando como referência o desempenho cognitivo das crianças na faixa etária entre 9 e 10 anos e a ausência de um trabalho efetivo sobre argumentação na escola, consideramos que foi significativo o resultado apresentado.

O Gráfico 2, a seguir, representa uma segunda amostra do desempenho dos alunos no uso dos operadores argumentativos no segundo gênero da sequência didática, o texto de opinião, que diferentemente dos outros gêneros, foi trabalhado tanto no oral como no escrito.

Gráfico 2
Uso dos operadores argumentativos no texto de opinião

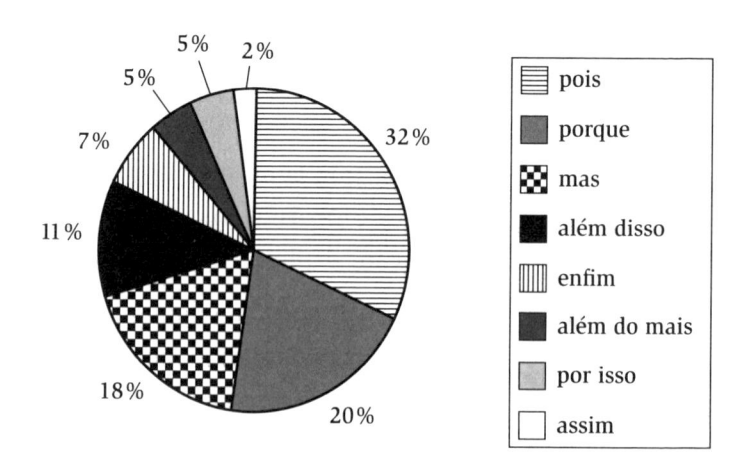

Segundo a representação deste gráfico, há uma variedade bem maior de operadores argumentativos e um aumento do percentual de uso de alguns deles em relação ao primeiro gênero trabalhado. Podemos observar que o *porque* não é mais o protagonista, agora, divide espaço com outros operadores (*mas, além disso, enfim, além do mais, por isso, assim*) que não apareceram no Gráfico 1 ou tiveram ocorrência pouco significativa, ficando, assim, em segundo lugar no percentual de uso pelos alunos.

O *pois*, que também pode ser classificado como introdutor de justificativas, teve uma representativa ocorrência no texto de opinião, ao contrário do que percebemos no diálogo argumentativo. Vale salientar que esta representatividade é resultado também da análise dos textos de opinião escritos, onde constatamos um maior uso em relação aos textos de opinião orais.

Partimos do pressuposto de que essa escolha pelo uso do *pois* no texto de opinião escrito representa a busca dos alunos pela idealização da língua, tão "privilegiada" pela escola e que não está presente na fala espontânea. Também podemos dizer que há uma tendência a substituir na escrita as palavras ou expressões que se usam na fala.

Uma importante observação é que o uso dos operadores *além disso* e *além do mais*, indicadores de acréscimo, evidencia um crescimento na capacidade dos alunos em apresentarem, articuladamente, mais de um argumento para justificar os posicionamentos enunciados.

A demonstração do percentual de uso dos operadores conclusivos *por isso* e *assim* constitui um outro exemplo de crescimento da capacidade argumentativa dos alunos, pois, ao utilizar estes operadores de sustentação, eles estão reforçando seus argumentos em favor de uma tese defendida e conduzindo o interlocutor na direção desta tese. O gráfico seguinte traz o movimento de uso de outros operadores usados no debate.

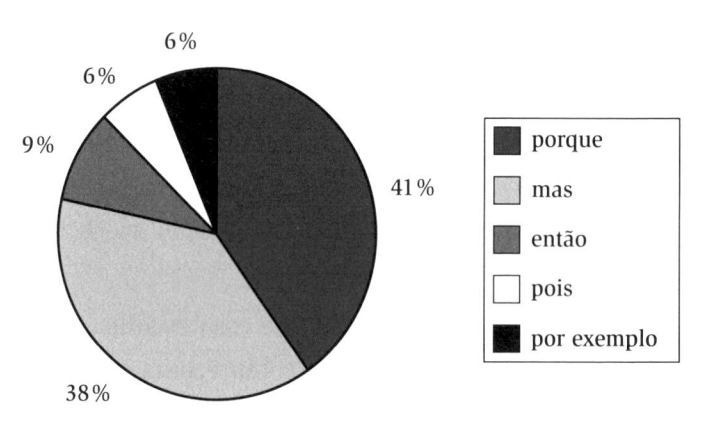

Gráfico 3
O uso dos operadores argumentativos no debate

- porque 41%
- mas 38%
- então 9%
- pois 6%
- por exemplo 6%

No Gráfico 3, o que parece uma redução no uso dos operadores é, na verdade, indicativo de avanços. O traço mais saliente desse avanço é o percentual quase equilibrado no uso do *mas* e do *porque*. Isso mostra um aumento na apresentação de justificativas, acompanhado pelo movimento de refutação entre os alunos, considerando que a refutação constitui uma operação de linguagem complexa e fundamental no processo argumentativo, pois ela implica acionar argumentos que possam contestar outros argumentos. E, nesse processo, estão envolvidas outras habilidades necessárias ao desenvolvimento dessa operação, tais como: ouvir e entender o ponto de vista do outro, fazer antecipações, selecionar tópicos discursivos, modalizar os discursos etc.

Os argumentos com base em provas concretas, produzidos pelos alunos, podem ser retomados neste momento. O uso do *por exemplo* aponta a frequência com que os exemplos são invocados pelos alunos para consolidar suas justificativas. Embora este percentual não tenha sido significativo, observamos que este tipo de recurso linguístico foi bastante utilizado por eles. Também é preciso dizer que nos gráficos não está representado todo o repertório de operadores que as crianças dominam, pois, como já foi dito, a análise se pautou em amostras.

Por intermédio dos exemplos aqui analisados, pudemos perceber uma progressão na argumentação dos alunos, do ponto de vista do conhecimento de recursos argumentativos. As respostas encontradas validam nossa proposta de ensino através de sequência didática, respaldada no fato de que uma intervenção sistemática em sala de aula pode resultar no desenvolvimento de competências e habilidades pelos alunos.

Considerações finais

Neste livro, tentamos mostrar que a argumentação, assim como a oralidade, deve fazer parte das atividades da escola e que a intervenção do professor, nos dois casos, é fundamental para o processo de ensino e aprendizagem. Ao contrário do que se pensou durante muito tempo, os espaços de convivência cotidiana, como família, grupo de amigos, igreja, entre outros, e as relações de comunicação que se estabelecem entre eles, não são suficientes para garantir às crianças a construção de conhecimentos formais sobre a produção dos gêneros orais argumentativos de domínio público.

Consideramos importante destacar que estes ambientes de convivência se caracterizam, fundamentalmente, como espaços sociais destinados à vivência da língua materna, em seu caráter espontâneo, e esta função, podemos dizer que eles cumprem muito bem, levando em conta o conhecimento que as crianças demonstram mesmo antes da escolarização. Sendo assim, é legítimo pensar que a ampliação dos gêneros primários e a inserção dos gêneros secundários no repertório de conhecimentos dessas crianças cabem à escola.

Além disso, o mundo letrado já não se satisfaz com indivíduos que dominem apenas o código escrito, apesar da sua supremacia. As exigências se dão em torno de outras habilidades que envolvem o falar e o escrever, tais como o domínio da linguagem em diversas situações comunicativas, o reconhecimento de diversos portadores de textos e suas especificidades, o reconhecimento do interlocutor e do espaço comunicativo como determinantes na construção do discurso, a observação dos parâmetros contextuais. Atender a estas exigências significa ter condições fundamentais para operar nas práticas sociais letradas, construídas histórica e culturalmente pela sociedade da qual fazemos parte, sendo, portanto, necessário proporcionar ao aluno oportunidade de desenvolver essas habilidades, de forma que ele possa fazer uso dos conhecimentos adquiridos nas mais diversas situações comunicativas.

Nesse sentido, a argumentação oral, enquanto prática discursiva, mostra-se como uma atividade de grande relevância no espaço escolar, considerando os usos que fazemos dela nas mais diversas circunstâncias sociais, sejam elas formais ou informais.

Nossa meta foi estabelecida visando a apresentar uma possibilidade didática para o ensino dos gêneros orais argumentativos, partindo da premissa de que eles devem ser objetos de estudos em sala de aula, desde as séries iniciais do Ensino Fundamental e, por que não dizer, da Educação Infantil. Buscávamos um modelo didático que propiciasse, através de relações intertextuais, a apropriação de conhecimentos sobre esses gêneros. Sabemos da não-originalidade dessa estratégia, mas reconhecemos seu valor no sentido de indicarmos novos caminhos para o trabalho com a argumentação oral, como já foi dito, tão pouco explorada em sala de aula.

A utilização da sequência didática como proposta de ensino envolveu o conhecimento dos alunos sobre os assuntos abordados, o conhecimento que eles têm sobre os gêneros e suas características linguístico-discursivas e o conhecimento necessário à produção. Assim, foi possível perceber a partir desta experiência que:

- o estudo aprofundado de gêneros orais argumentativos desde as séries iniciais do Ensino Fundamental é possível;
- a utilização de estratégias sequenciadas para o ensino dos gêneros possibilita uma apropriação mais eficaz de conhecimentos pelos alunos;
- a inclusão de mais de um gênero da mesma tipologia na sequência didática conduz a uma inter-relação que funciona como um catalisador da aprendizagem, ou seja, acelera o processo de aquisição de conhecimentos sobre os gêneros.

Não podemos afirmar que os alunos se tornaram "mestres" no domínio dos gêneros orais argumentativos, para isto seria necessário estabelecer critérios que garantissem a continuidade dos projetos de ensino-aprendizagem e a especialização discursiva e linguística dos aprendizes.

Mas, diante dos resultados encontrados, foi possível perceber que os alunos sujeitos da investigação evoluíam a cada intervenção realizada: a capacidade argumentativa que eles demonstraram no diálogo argumentativo não era a mesma no texto de opinião, nem no debate. Nas evidências apontadas na análise, pudemos constatar que os alunos:

- produzem diversos tipos de argumentos, revelando serem capazes de selecionar diferentes estratégias argumentativas e adequá-las de acordo com a situação comunicativa;
- elaboram intervenções argumentativas, seguindo a ordem de apresentação lógica: tese, argumentos e conclusão;
- sabem fazer uso dos operadores argumentativos;
- fazem uso das operações argumentativas de sustentação, refutação e negociação;
- diferenciam as características dos gêneros, expressando isto em suas produções.

Estas e outras evidências nos levaram a concluir que a *performance* final dos alunos em relação aos gêneros apresenta-se como uma resposta positiva ao trabalho realizado, demonstrando um crescimento gradativo das capacidades argumentativas. Por tudo isso, reafirmamos a necessidade de mudança de postura dos professores, no sentido de intervir com ações didáticas que possam oportunizar situações de linguagem em que os alunos possam opinar, justificar, refutar, negociar, enfim, fazer uso das diversas operações que envolvem a prática argumentativa.

Questões para debate

Aqui são apresentadas algumas questões cujo objetivo é estabelecer uma relação entre teoria e prática, propiciando ao leitor uma reflexão em torno do conteúdo abordado neste livro.

1. Analise um debate, procurando identificar os tipos de argumentos utilizados pelos debatedores. Observe também como se apresentam neste gênero as operações de sustentação, refutação e negociação.

2. Estabeleça um paralelo entre dois gêneros argumentativos, que podem ser, por exemplo, o diálogo argumentativo e o texto de opinião. Há diferenças e/ou semelhanças quanto à forma de argumentar?

3. Os livros didáticos priorizam o trabalho com gêneros escritos. Verifique se esta afirmativa é procedente, escolhendo um livro didático e analisando as propostas relativas aos gêneros orais argumentativos: Quais os gêneros contemplados? Que tipo de encaminhamento didático é destinado ao ensino desses gêneros? São consideradas as dimensões sociais e cognitivas na escolha dos temas tratados?

4. Observe o uso dos operadores argumentativos em gêneros orais, procurando identificar os tipos e a frequência de uso. É importante escolher gêneros primários e secundários, no sentido de perceber se há diferenças quanto ao uso.

Lendo mais sobre o assunto

FARIA, Maria Evangelina B. de. *Argumentação infantil*. Campina Grande: Bagagem, 2004.
> Este livro é para quem deseja estudar a argumentação oral na infância. Trata-se de uma obra que analisa o processo de construção dos discursos argumentativos pelas crianças em contextos familiares, partindo da ideia de que este se constitui numa atividade de linguagem coproduzida.

GUIMARÃES, Eduardo. *Texto e argumentação*. 3. ed. Campinas: Pontes, 2002.
> Na perspectiva da Semântica da Enunciação, este trabalho representa, depois de Ducrot, uma valiosa contribuição no estudo das conjunções como operadores argumentativos.

KOCK, Ingedore G. Villaça. *Argumentação e linguagem*. 6. ed. São Paulo: Cortez, 2000.
> Esta publicação fornece subsídio teórico significativo acerca do discurso argumentativo e das operações de linguagem que se relacionam a ele, como o uso dos operadores de argumentação.

PERELMAN, Chaim; OLBRECHTS-TYTECA, Lucie. *Tratado da argumentação*: a nova retórica. Tradução: Maria Ermantina Galvão. São Paulo: Martins Fontes, 1996.
> Temos aqui um clássico no estudo da argumentação, que, embora remontando aos estudos de Aristóteles, adota uma

abordagem perfeitamente atual. Apesar de ser uma das obras mais lidas e comentadas, seu conteúdo poderá suscitar muitos questionamentos para futuras investigações, sobretudo na área jurídica, espaço fértil para as produções argumentativas.

REYZÁBAL, Maria Victoria. *A comunicação oral e sua didática*. Tradução: Waldo Mermelstein. Bauru: EDUSC, 1999.

Aborda a comunicação oral a partir de um enfoque didático, mostrando várias possibilidades de concretização na sala de aula. Sua discussão focaliza aspectos linguísticos, literários e metodológicos do ensino da oralidade.

SCHNEUWLY, B.; DOLZ, Joaquim. *Gêneros orais e escritos na escola*. Tradução: Roxane Rojo e Glaís S. Cordeiro. Campinas: Mercado de Letras, 2004.

Esta obra contempla o ensino dos gêneros orais de uma forma muito prática. Foi elaborada por uma equipe de professores pesquisadores da Universidade de Genebra (Suíça), com o objetivo de produzir um material com enfoque teórico e aplicado. É para quem gosta de entender o ensino da língua de uma forma não-trivial.

Referências

ADAM, J. M. *Les textes*: types et prototypes. Paris: Nathan, 1992.

BAKHTIN, M. *Marxismo e filosofia da linguagem*. 7. ed. São Paulo: Hucitec, 1995.

_____. *Estética da criação verbal*. 3. ed. São Paulo: Martins Fontes, 2000.

BRAKLING, K. L. Trabalhando com o artigo de opinião: revisitando o eu no exercício da (re)significação da palavra do outro. In: ROJO, Roxane (org.). *A prática de linguagem em sala de aula*: praticando os PCN. São Paulo: Mercado de Letras, 2000.

BRONCKART, Jean-Paul. *Atividades de linguagem, textos e discursos*: por um interacionismo sociodiscursivo. Tradução: Anna Raquel Machado e Péricles Cunha. São Paulo: EDUC, 1999.

DE PIETRO, J. F.; ÉRARD, S.; KANEMAN-POUGATCH, M. Modelo didático do debate: do objeto social à prática escolar. Tradução: G. M. *Enjeux*. Paris, n. 39/40, p. 100-129, 1997.

DIAS, M. da Graça B. B. O desenvolvimento do raciocínio dedutivo. In: DIAS, Maria da Graça. B. B.; SPINILLO, Alina G. (orgs.). *Tópicos em psicologia cognitiva*. Recife: Ed. Universitária da UFPE, 1996.

DOLZ, Joaquim; SCHNEUWLY, Bernard. Genres et progression en expression orale et écrite: éléments de réflexion à propos d'une expérience romande. *Enjeux*. Paris, n. 37-38, p. 49-75, 1996.

DOLZ, Joaquim; SCHNEUWLY, Bernard. *Pour un enseignement de l'oral: initiation aux genres formels à l'école*. Paris: ESF Editeur, 1998.

DOLZ, Joaquim; SCHNEUWLY, Bernard; DE PIETRO, Jean-François. Relato de elaboração de uma sequência: o debate público. In: SCHNEUWLY, Bernard; DOLZ, Joaquim. *Gêneros orais e escritos na escola*. Tradução: Roxane Rojo e Glaís S. Cordeiro. Campinas: Mercado de Letras, 2004.

DUCROT, Oswald. *O dizer e o dito*. Tradução: Eduardo Guimarães. Campinas: Pontes, 1987.

_____. Argumentação e "topoi" argumentativos. In: GUIMARÃES, Eduardo (org.). *História e sentido na linguagem*. Campinas: Pontes, 1989.

FARIA, Maria Evangelina B. de. *Argumentação infantil*. Campina Grande: Bagagem, 2004.

FIORIN, José Luiz; SAVIOLI, Francisco Platão. *Lições de texto*: leitura e redação. São Paulo: Ática, 1996.

GARCIA-DEBANC, C. Pour une didactique de l'argumentation orale. *Enjeux*. Paris, n. 39-40, p. 50-79, 1997.

GOLDER, Caroline. Argumenter: de la justification à la négociation. *Archives de Psychologie*. Paris, n. 60, p. 3-24, 1992.

GUIMARÃES, Eduardo. Estratégias de relação e estruturação do texto. In: *Sobre a estruturação do discurso*. Campinas: IEL, 1981.

_____. *Os limites do sentido*: um estudo histórico e enunciativo da linguagem. Campinas: Pontes, 1995.

_____. *Texto e argumentação*. 3. ed. Campinas: Pontes, 2002.

KLEIMAN, A. B. Modelos de letramento e as práticas de alfabetização na escola. In: _____. *Os significados do letramento*. Campinas: Mercado de Letras, 1996.

KOCH, Ingedore G. Villaça. *A inter-ação pela linguagem*. São Paulo: Contexto, 1992.

_____. *O texto e a construção dos sentidos*. São Paulo: Contexto, 1997.

_____. *Argumentação e linguagem*. 6. ed. São Paulo: Cortez, 2000.

MACHADO, A. R. Um instrumento de avaliação de material didático com base nas capacidades de linguagem a serem desenvolvidas no aprendizado de produção textual. *Intercâmbio*. São Paulo: LAEL/PUC, v. X, p. 137-147, 2001.

MAGALHÃES, M. I. S. Língua oral, língua escrita: uma questão de valores sociais. *Delta*. São Paulo: EDUC/PUC-SP, v. 9, n. 2, 1992.

MARCUSCHI, L. A. Contextualização e explicitude na relação entre fala e escrita. *Anais do I Encontro Nacional sobre Língua Falada e Ensino*. Maceió: UFAL, 1994.

_____. Concepção de língua falada nos manuais de português de 1º e 2º graus: uma visão crítica. *Anais da 49ª Reunião Anual da SBPC*. Belo Horizonte: APLL, 1997.

_____. *Análise da conversação*. São Paulo: Ática, 2000.

_____. *Da fala para a escrita*: atividades de retextualização. São Paulo: Cortez, 2001.

_____. Letramento e oralidade no contexto das práticas sociais e eventos comunicativos. In: SIGNORINI, I. (org.). *Investigando a relação fala e escrita e as teorias do letramento*. São Paulo: Mercado de Letras, 2001.

_____. Gêneros textuais: definição e funcionalidade. In: DIONISIO, Angela Paiva; MACHADO, Anna Raquel; BEZERRA, M. Auxiliadora (orgs.). *Gêneros textuais e ensino*. Rio de Janeiro: Lucerna, 2002.

NEVES, Maria H. Moura. Língua falada, língua escrita e ensino: reflexões em torno do tema. In: PRETI, Dino (org.). *Dino Preti e seus temas*: oralidade, literatura, mídia e ensino. São Paulo: Cortez, 2001.

PERELMAN, Chaim; OLBRECHTS-TYTECA, Lucie. *Tratado da argumentação*: a nova retórica. Tradução: Maria Ermantina Galvão. São Paulo: Martins Fontes, 1996.

PIMENTA, Selma Garrido; LIMA, M. S. L. *Estágio e docência*. São Paulo: Cortez, 2004.

REYZÁBAL, Maria Victoria. *A comunicação oral e sua didática*. Tradução: Waldo Mermelstein. Bauru: EDUSC, 1999.

RODRIGUES, R. H. O artigo jornalístico e o ensino da produção escrita. In: ROJO, R. (org.). *A prática de linguagem em sala de aula*: praticando os PCN. São Paulo: Mercado de Letras, 2000.

ROJO, Roxane. Enunciação e interação na ZPD: do nonsense à construção dos gêneros de discurso. *Anais do Encontro sobre Teoria e Pesquisa em Ensino de Ciências*. Belo Horizonte: Faculdade de Educação da UFMG, 1997.

_____. Práticas de linguagem no ensino fundamental: circulação e apropriação dos gêneros do discurso e a construção do conhecimento. *Intercâmbio*. São Paulo: LAEL/PUC-SP, v. X, p. 125-135, 2001.

ROSENBLAT, E. Critérios para a construção de uma sequência didática no ensino dos discursos argumentativos. In: ROJO, R. (org.). *A prática de linguagem em sala de aula*: praticando os PCN. São Paulo: Mercado de Letras, 2000.

SACRISTÁN, J. Gimeno. *O currículo*: uma reflexão sobre a prática. 3. ed. Porto Alegre: Artmed, 2000.

SCHNEUWLY, B.; DOLZ, J. *Pour un enseignement de l'oral*: initiation aux genres formels à l'école. Paris: ESF Editeur, 1998.

_____. *Gêneros orais e escritos na escola*. Tradução: Roxane Rojo e Glaís S. Cordeiro. Campinas: Mercado de Letras, 2004.

SOUZA, L. V. de. Gêneros jornalísticos no letramento escolar inicial. In: DIONISIO, Angela Paiva; MACHADO, Anna Raquel; BEZERRA, M. Auxiliadora (orgs.). *Gêneros textuais e ensino*. Rio de Janeiro: Lucerna, 2002.

SIGNORINI, I. Construindo com a escrita "outras cenas de fala". In: SIGNORINI, I. (org.). *Investigando a relação fala e escrita e as teorias do letramento*. São Paulo: Mercado de Letras, 2001.

TITONE, R. *El lenguaje en la interacción didáctica*. Madrid: Narcea, 1986.

TOULMIN, S. E. *The uses of argument*. Cambridge: Cambridge University Press, 1958.

VIGOTSKY, L. S.; LURIA, A. R.; LEONTIEV, A. N. *Linguagem, desenvolvimento e aprendizagem*. São Paulo: Ícone, 1988.

ZABALA, Antoni. *Enfoque globalizador e pensamento complexo*: uma proposta para o currículo escolar. Porto Alegre: Artmed, 2002.

Índice Remissivo

A

Argumentação 17-21, 23-32, 34, 35, 37, 41, 43, 47, 55, 57, 58, 67, 68, 72, 77, 79, 80, 82, 83, 86, 89, 98, 100, 103, 105, 106
Argumento de autoridade 78, 79
Auditório 24, 26-29, 53, 67, 73, 92

D

Debate 21, 41, 45, 49-53, 57, 64-67, 73-77, 89-98, 102, 108, 109
Diálogo argumentativo 21, 41, 43, 45, 67, 74-77, 98, 99, 101, 107, 109

G

Gêneros orais argumentativos 18, 19, 21, 38, 41, 61, 65, 66, 68, 88, 105, 106, 107, 109

L

Lógica 23, 25, 26, 29, 58, 82, 83, 108

M

Moderador 53, 67, 89-94
Movimentos discursivos 20, 41

N

Nova retórica 20, 26, 28, 79

O

Operadores argumentativos 30, 31, 41, 48, 67, 98-102, 108, 110

P

Práticas argumentativas 37
Progressão intergênero 98
Progressão intragênero 87

R

Retórica 23, 25, 72, 83

S

Semântica argumentativa 20, 29
Sequência didática 59-65, 68, 87, 98-100, 103, 107

T

Texto de opinião 66, 76, 77

Coleção linguagem & linguística

LANÇAMENTO

Empréstimos linguísticos na língua portuguesa
Nelly Carvalho

A gíria comum na interação em sala de aula
Lucienne Maria Parsou

A construção da argumentação oral no contexto de ensino
Rosane Marinho Ribeiro

Linguagem & Linguística tem como objetivo explorar temas de interesse para alunos e professores de Letras, Linguística, Educação, Antropologia, Sociologia, Psicologia e demais estudiosos da linguagem.